Magia y Hechizos Lunares

La guía definitiva para liberar el poder de las fuerzas naturales, las 8 fases lunares, la wicca y la brujería

Tabla de contenido

PRIMERA PARTE: MAGIA 1

INTRODUCCIÓN 2

CAPÍTULO UNO: RECONOCIENDO LA MAGIA INTERIOR 4

    EL OBJETIVO DE LA MAGIA 6

    UNA EXPLICACIÓN RACIONAL DE LA MAGIA 7

    MAGIA Y PNL 9

    EL PODER ESTÁ DENTRO DE USTED 10

CAPÍTULO DOS: LEY MÁGICA: HAZ TU VOLUNTAD 14

    DESCUBRIR SU VERDADERA VOLUNTAD: LA CLAVE PARA LA
    TRANSFORMACIÓN 14

    DISIPANDO LOS MITOS QUE RODEAN LA LEY MÁGICA 18

CAPÍTULO TRES: MEDITACIÓN: EL PODER DE LA MENTE 24

    MEDITACIÓN: LA LLAVE MAESTRA A LO MÁGICO 25

    MEDITACIÓN: EL ARTE DEL MINDFULNESS 27

    TÉCNICAS DE MEDITACIÓN 27

    ¿POR QUÉ MEDITAR? 31

CAPÍTULO CUATRO: YOGA: LA MAGIA DEL CUERPO FÍSICO 32

    AUTODESCUBRIMIENTO Y AUTORREALIZACIÓN A TRAVÉS DEL YOGA 32

    UNA BREVE HISTORIA DEL YOGA 34

USOS MÍSTICOS DEL YOGA EN EL PASADO 36

EL YOGA SEGÚN ALEISTER CROWLEY 37

CAPÍTULO CINCO: TÉCNICAS MÁGICAS DE VIAJE ASTRAL 44

¿QUÉ ES LA PROYECCIÓN ASTRAL? 44

POR QUÉ DEBERÍA APRENDER A PROYECTARSE ASTRALMENTE 45

EL CUERPO ASTRAL 47

LA QABALAH Y EL ÁRBOL DE LA VIDA 48

MÉTODOS DE PROYECCIÓN ASTRAL 49

TÉCNICAS DE PROYECCIÓN ASTRAL 51

CAPÍTULO SEIS: CONSTRUYENDO SU ESPACIO SAGRADO 56

SU ALTAR 56

CREANDO SU ALTAR 57

CUIDADO DE SU ALTAR 60

LIMPIANDO EL ESPACIO DE SU ALTAR 60

QUÉ HACER CUANDO NO HAY UNA HABITACIÓN 61

CAPÍTULO SIETE: LAS HERRAMIENTAS DEL OFICIO 63

LA HERRAMIENTA MÁS PODEROSA DE TODAS 70

CAPÍTULO OCHO: PREPARÁNDOSE PARA EL RITUAL 72

¿QUÉ ES UN RITUAL? 72

ELEMENTOS Y COMPONENTES DE LOS RITUALES 73

LA IMPORTANCIA DE LOS RITUALES 74

PREPARÁNDOSE PARA SU RITUAL 75

LA PROGRESIÓN DEL RITUAL 77

CAPÍTULO NUEVE: REALIZANDO LA PURIFICACIÓN 79

PURIFICACIÓN 79

DESTIERRO 81

MANTENERSE LIMPIO 81

RITUAL DE DESTIERRO MENOR DEL PENTAGRAMA DE CROWLEY 82

PREPARÁNDOSE PARA EL RITUAL DE DESTIERRO MENOR DEL
PENTAGRAMA 83

EL PROCESO 84

CAPÍTULO DIEZ: TRES MÉTODOS DE INVOCACIÓN 86

Los Tres Métodos de Invocación de Crowley 87

Asunción de Formas Divinas 88

CAPÍTULO ONCE: EL ARTE DE LA ADIVINACIÓN 90

Definición de Adivinación 90

Adivinación vs. Cartomancia 90

Adivinación: Subjetiva y Personal 91

Ejercicios Prácticos de Adivinación 92

CAPÍTULO DOCE: MÁS PRÁCTICAS MÁGICAS 98

Consagración 98

Evocación 99

Fórmulas Mágicas 99

Registro Mágico 100

Armas Mágicas 100

Magia Mineral 101

Las Piedras y sus Usos Mágicos 102

CONCLUSIONES 106

SEGUNDA PARTE: HECHIZOS LUNARES 108

INTRODUCCIÓN 109

PARTE 1: FUNDAMENTOS DE LA MAGIA LUNAR 111

CAPÍTULO 1: LA MADRE LUNA: SU PODER Y SU SIMBOLISMO 112

CAPÍTULO 2: FASES LUNARES: CUÁNDO TRABAJAR LOS HECHIZOS LUNARES 119

CAPÍTULO 3: LANZAMIENTO DE HECHIZOS LUNARES: HERRAMIENTAS Y PREPARACIÓN 133

PARTE 2: HECHIZOS LUNARES PRÁCTICOS 146

CAPÍTULO 4: HECHIZOS DE AMOR 147

CAPÍTULO 5: HECHIZOS DE FERTILIDAD 154

CAPÍTULO 6: HECHIZOS DE DINERO Y CARRERA 160

CAPÍTULO 7: HECHIZOS DE MANIFESTACIÓN 167

CAPÍTULO 8: HECHIZOS DE PROTECCIÓN 175

CAPÍTULO 9: HECHIZOS DE DESTIERRO 182

PARTE 3: OTRAS FORMAS DE TRABAJAR CON LA LUNA.................192

CAPÍTULO 10: AGUA, CRISTALES Y ACEITES LUNARES 193

CAPÍTULO 11: RITUALES DE LA DIOSA DE LA LUNA 201

CAPÍTULO 12: CÓMO CREAR SUS PROPIOS RITUALES
LUNARES ÚNICOS 208

CONCLUSIÓN 213

VEA MÁS LIBROS ESCRITOS POR MARI SILVA 214

REFERENCIAS 215

Primera Parte: Magia

Desbloquee el Poder de las Fuerzas Naturales y Aprenda Técnicas como Purificación, Adivinación, Invocación, Viajes Astrales, Yoga y Más

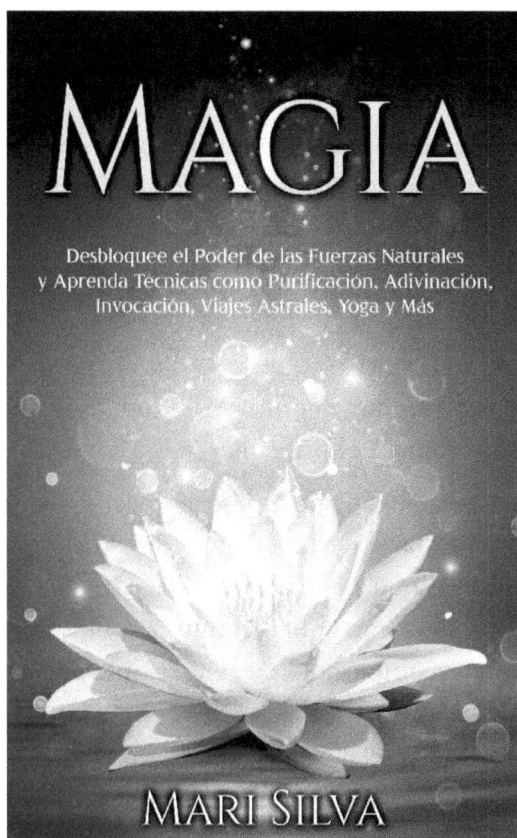

Introducción

Qué elección tan curiosa ha hecho al leer este libro. O es un practicante de magia desde hace mucho tiempo, o es un principiante que busca orientación. De cualquier manera, está leyendo esto por una razón. Algo lo ha atraído a este libro, sobre todos los otros que hay. Así que aférrese a él.

Puede saltar a las áreas que más le interesan si ha estado practicando magia por un tiempo. Si es un principiante total, le conviene comenzar desde el principio.

Descubrirá que este trabajo no se parece a ningún otro. Está actualizado, es muy fácil de entender, y no lo deja rascándose la cabeza pensando en qué ocurre con cada página. Los ejercicios y métodos que se encuentran aquí son muy sencillos de seguir. Dicho esto, no deje que su simpleza lo engañe, ya que son diez veces más potentes que simples.

Lea este libro sobre magia con una mente abierta y ponga en práctica todo lo que está a punto de aprender. Lo que descubrirá es un mundo lleno de magia y maravillas, en el que continúa viviendo su Verdadera Voluntad. Imagínese vivir una vida en la que sea productivo y crezca en espíritu y en verdad, ya sea que esté despierto o dormido.

Imagínese comprender que el mundo a su alrededor rebosa de incluso más actividad de la que puede percibir, y hay energías con las que puede trabajar para esculpir la vida que está hecha para usted y nadie más. Estos son los tesoros que está a punto de descubrir.

Este texto no es necesariamente la última parada de autobús con todas las cosas sobre magia, pero le ofrecerá la información más básica, útil y práctica que, cuando se aplique, ¡definitivamente dará sus frutos de grandes maneras! Resalte las secciones importantes, vuelva a leer los capítulos del libro, y emprenda una maravillosa aventura mientras explora las ideas de estas páginas cuando haya terminado.

Para cuando termine, habrá aprendido mucho, y si he hecho bien mi trabajo, concluirá que no ha aprendido lo suficiente... Ni nunca podría. El objetivo de este libro es darle lo que necesita para prender un fuego en su alma y ponerse en marcha en una búsqueda para ser más de lo que ya es. Le ayudará a expresar todos los maravillosos dones que permanecen dormidos en usted, y descubrir que en lo que respecta a la vida mágica y la búsqueda del conocimiento, no hay fin. Solo hay más profundidad... y esto es algo maravilloso, de hecho.

Capítulo Uno: Reconociendo la Magia Interior

Comencemos nuestra exploración de la magia entrando en la etimología y el origen de la palabra "magia". Nos centraremos en la magia en el contexto de las definiciones del gran Aleister Crowley, mirándola a través del lente de su Thelema. Crowley fue un místico, un escritor y un mago ceremonial, un maestro de los rituales más complejos y elaborados de la magia.

Crowley desarrolló la filosofía esotérica del Thelema a principios del siglo 20. La palabra *thelema* tiene un significado simple, pero potente, para el místico que ve más allá de lo ordinario. Significa "voluntad". O, si prefiere otra forma de decirlo:

- "Querer"
- "Desear"
- "Anhelar"
- "Propósito"

Sin entrar demasiado en el *thelema* y fuera del tema que le interesa, resumamos esto aclarando los tres pilares clave que sostienen la filosofía thelémica según Crowley:

---

1. **"Haz Tu Voluntad, Será la Totalidad de la Ley".** Depende de usted, como verdadero seguidor del Thelema buscar el camino que más resuene con usted y seguirlo. Este camino es su Verdadera Voluntad. Es su resonancia momento a momento con la naturaleza. Es usted cumpliendo el llamado más alto para su alma.

2. **"El Amor es la Ley, Amor Bajo Voluntad".** Esto significa que debe comprender que en el núcleo mismo del Thelema está el amor. El amor reina, pero solo es secundario a descubrir cuál es su verdadera misión y manifestar su auténtico destino o voluntad.

3. **"Todo Hombre y Toda Mujer es una Estrella".** Así como cada estrella del universo tiene su propio lugar en el espacio, y así como cada estrella es única e inconfundible en sí misma, también lo es todo el mundo en la Tierra. Como seguidor del Thelema, entienda que todos tienen su huella única, con sus propias Voluntades, que deben cumplir. Usted tiene un camino propio, como el cajero de Starbucks o el ejecutivo de negocios que mira pensativamente su reloj. Dado que todos tienen sus caminos únicos, no es necesario que haya ningún conflicto entre ellos.

Ahora volvamos a la magia. Magia, según Aleister Crowley, es un término que crea una sorprendente distinción entre la magia de actuación, como la que vería en un escenario (sacar conejos de los sombreros, cortar personas por la mitad) y lo oculto. Este último está más relacionado con el misticismo y los misterios que los científicos no pueden describir y no se pueden empaquetar cuidadosamente en un cuento de hadas religioso.

Crowley define la magia como "la Ciencia y el Arte de hacer que el Cambio ocurra en conformidad con la Voluntad", lo que implica actos y rituales voluntariosos y comunes y corrientes. Básicamente, puede crear el cambio que busca en cualquier objeto, siempre que esa transformación sea posible y esté permitida por las leyes de la naturaleza.

La única forma de comprender su yo real es actuar de acuerdo con su verdadera voluntad. Si va a hacer que esto suceda, entonces nunca encontrará un mejor camino o método que la práctica de la magia. En otras palabras, es crucial que acepte la presencia de la magia dentro de usted. Su verdadera voluntad es el punto de encuentro entre su destino y su libre albedrío.

En palabras del Maestro Crowley, en la página 134 de Magick, Libro 4, *"Uno debe averiguar por sí mismo, y asegurarse más allá de toda duda, quién es, qué es, por qué uno es... Siendo así consciente del curso adecuado a perseguir, lo siguiente es comprender las condiciones necesarias para llevarlo a cabo. Después de eso, uno debe eliminar de sí mismo todo elemento ajeno u hostil al éxito, y desarrollar aquellas partes de uno mismo que son especialmente necesarias para controlar las condiciones mencionadas".*

El Objetivo de la Magia

Quizás se pregunte de dónde viene la "k" en esta manera de escribir magia en inglés. No, no es un error tipográfico; así es como se escribía en el inglés moderno temprano, y esta es la forma de escribir que encontrará en todos los escritos de Aleister Crowley. Una vez más, distingue los trucos infantiles y el poder real a través del conocimiento y la aplicación de lo oculto.

Con la magia, puede crear el cambio que busca simplemente usando el tipo correcto de fuerza, en la cantidad correcta, a través del método correcto y los mecanismos adecuados. Es una ciencia porque debe mirarse a sí mismo bajo un microscopio figurativo para que pueda entender qué lo hace único. También es un arte porque tiene que ser capaz de tomar lo que aprende y aplicarlo a su vida de una manera que produzca resultados.

No se puede divorciar la magia de lo paranormal. En lugar de dejar que eso lo asuste, abrácelo porque los efectos paranormales de la magia resultarán útiles para su desarrollo. El propio Crowley testifica sus propias experiencias con estos poderes, que aparecieron cuando no los necesitaba realmente. Advirtió que podían ser increíblemente seductores y desviarlo del camino de descubrirse a sí mismo. Tiene que rechazar esos poderes o "Siddhi", como se los conoce en la filosofía ayurvédica.

Sin embargo, Crowley admite que aún se puede extraer algo bueno de esos efectos. Siempre que tenga dudas sobre la realidad o la potencia, tener esas expectativas le recordará que todo es muy real e incluso el estudiante más avanzado debe lidiar a menudo con estos pensamientos dudosos. Entonces, la mejor manera de usarlos es como un recordatorio de que, de hecho, usted está en su verdadero camino.

Una Explicación Racional de la Magia

Desafortunadamente, hay mucha información errónea respecto a la magia, especialmente porque está codificada en metáforas y símbolos que fácilmente se prestan a una mala interpretación por parte de los no iniciados o ignorantes. Entonces, ¿de qué se trata realmente la magia? Bien, mantenga la mente abierta y prepárese para dejarse llevar.

Reconsiderando la definición de magia de Crowley, pensaría que la magia significa que puede usar poderes sobrenaturales para convertir a un cerdo en un unicornio o darle a una cabra cinco patas adicionales. Este no es el cambio al que Crowley se refiere bajo ningún ámbito de la imaginación. Eso solo es posible en la animación. Entonces, ¿qué es magia en la más racional y práctica de las definiciones? Supongamos que tiene sed. Su voluntad es saciar su sed. Entonces, va a la nevera, saca algo de beber y ya no tiene sed. Ha creado el cambio que buscaba en su cuerpo, o en su realidad física, usando su propia voluntad.

Si la magia se tratara solo de cosas simples como saciar la sed o alimentarse, no tendría sentido leer este libro o estudiar la magia en sí. Ya sabe cómo hacer esas cosas básicas. El ejemplo fue simplemente para ilustrar de la manera más básica de qué se trata la magia. Es simplemente el proceso de actualizar las ideas que tiene en mente usando su voluntad para hacerlas concretas. En otras palabras, usted usa su voluntad para manifestar sus deseos en la realidad tridimensional.

Por favor tenga en cuenta que esto no significa que todo lo que hace sea mágico. Para que pueda realizar magia, debe poseer la mentalidad de un mago. Debe comprender de manera innata que todo lo físico es básicamente arcilla que puede moldear en la forma que quiera que asuma. Nuevamente, esto no tiene nada que ver con desafiar las leyes preestablecidas de la naturaleza o la física. Si alguien le dice que puede volar desde un edificio, le animo a voltear la cabeza hacia ellos, y entrecierre los ojos con sospecha mientras retrocede muy lentamente. Simplemente entienda que su vida es suya para convertirla en lo que quiera que sea. Esa es la mentalidad del mago. Esa es la posición del poder verdadero y puro y sin límites.

La clave para tener poder en su vida es saber quién es, qué es, y su razón de ser. Una vez que tenga este conocimiento, el siguiente paso en el camino es establecer una meta para usted, preferiblemente una con la que resuene profundamente. Debe saber exactamente qué es lo que tiene para lograr estos objetivos. El paso final es deshacerse de cualquier cosa dentro de usted, dentro de su mente, que pueda dificultar la realización de esos objetivos mientras perfecciona las habilidades que necesita para que todo suceda para usted.

Digamos que su objetivo es convertirse en un maestro de renombre mundial sobre las leyes del universo. Bien, definitivamente necesitará tener algún medio o plataforma para compartir sus enseñanzas con el mundo. Eso podría significar conferencias en las que hable con multitudes, o podría significar tener una cuenta de Twitter en la que suelte 160 palabras de sabiduría por tweet para que las personas las sigan y las digieran.

Sin embargo, es posible que tenga una debilidad que le impida alcanzar sus objetivos. Digamos que tiene miedo de compartir sus ideas, o siente terror al hablar con multitudes. ¿Qué hace para eliminar esas debilidades? Bueno, podría exponerse gradualmente a situaciones en las que deba hablar con cinco, tal vez diez personas a la vez.

También puede tomar clases sobre cómo hablar en público mientras hace esto, para ganar confianza y perder el miedo a dirigirse a las masas. Podría asistir al karaoke, cantar una canción o dos. Podría recitar poesía en la noche de micrófono abierto. Lo que sea que haga, hágalo con la conciencia de que está dando forma a su realidad en una en la que ha logrado su objetivo establecido de enseñar al mundo acerca de cómo funciona el universo.

Magia y PNL

Hablemos acerca de invocar demonios, y por el momento tratemos de deshacernos de nociones preconcebidas sobre lo que los demonios son o no son. Suponga que cada día tiene un ritual que consiste en invocar a un demonio que le permite hablar con confianza y carisma, sin miedo ni vacilación. Este demonio le hace sentir invencible, fuerte y poderoso.

Ahora, suponga que está en una charla de Ted, y está a punto de comenzar su presentación, por lo que convoca a este demonio para que lo ayude, para que no le tema a la multitud y no se preocupe si comete errores. Esta técnica no es tan descabellada como cree. Es simplemente programación neurolingüística, de la que posiblemente ha oído hablar como PNL.

Una técnica de PNL muy popular es asumir que es un gigante. Usted es alto, fuerte, poderoso, y se eleva sobre todos los demás en la sala. Cuando imagina que es este poderoso gigante, lo siente en su cuerpo y en su mente. Ahora, cuando tenga esa sensación en usted, puede presionar el pulgar y el dedo miedo entre sí en las puntas. Esa acción se conoce como un ancla, lo que significa que está anclando la sensación de ser ese gigante invencible al simple acto de tocar juntos el dedo medio y el pulgar. Ahora, cada vez que haga eso, el sentimiento lo invade automáticamente. Puede usar esta ancla cuando esté a punto de dar un discurso, o simplemente necesita un golpe de coraje y poder. Esto funciona con el mismo mecanismo que ocurre cuando escucha una canción, y su cuerpo y su mente se transportan instantáneamente al momento y lugar en donde la escuchó por primera vez.

El objetivo de todo esto es dejarle claro que no hay nada loco ni antinatural en la magia o los rituales. Todo tiene sus raíces en la psique humana. Entonces, si alguna vez asumió que podría hacer aparecer un portal en el cielo usando magia o que literalmente podría levantar una montaña con su mente y arrojarla al mar, entonces debe desengañar esa noción ahora mismo. Lo último sobre arrojar una montaña al mar fue una parábola popular en la Biblia. Una parábola es una metáfora, una historia que simboliza una idea o un concepto. Tomarla literalmente es una tontería. Como practicante de magia, continuará desarrollando un sentido de simbología y un verdadero significado donde otros pierden el rumbo.

El Poder Está Dentro de Usted

Personas como Aleister Crowley entienden que todos tenemos dentro de nosotros el poder de esculpir la realidad como deseamos. Tenemos la habilidad innata de tomar el control de nuestras vidas y hacer de ello lo que queramos. Esto se refleja en el principio thelémico que dice: "haz tu voluntad". Lamentablemente, muchas personas han sido engañadas al pensar que deben inclinarse ante un Dios externo para lograr lo que desean, sin darse cuenta de que ellas mismas son Dios. Así es. Usted es Dios, dueño de su destino. No recurra a nadie más que usted mismo para lograr sus sueños.

Los libros sagrados están llenos de historias porque era la única manera de explicar psicología en términos con los que la gente pudiera identificarse. Los hombres y mujeres sabios de esa época recurrieron a la historia y la alegoría para explicar el poder de la mente, el poder que está dentro de todos nosotros. Desafortunadamente, la gente ha tomado lo alegórico y ha asumido que todo es literal.

Esto explica la alquimia. Nunca se trató de la transformación real de otros materiales en oro. Era simplemente un medio para explicar que, para convertirse en la versión más elevada y grandiosa de usted mismo, necesita deshacerse de todo lo que hay en usted y acerca de usted que se interponga en el camino de convertirse en oro. Esto significa trabajar en uno mismo psicológicamente.

El psicólogo Jung conocía el verdadero significado de las enseñanzas esotéricas y gnósticas y las convirtió en una parte fundamental del trabajo de su vida. Cuando se purifica deshaciéndose de sus debilidades y de todas las tendencias que le impedirían alcanzar la grandeza, se transformará de un material ordinario a oro puro.

Cuando Crowley habló de entender quién es, qué es y por qué es, se refería a la psicología. Cuanto más conocimiento tenga de sí mismo, más aumentará su poder. Su conciencia seguirá creciendo y expandiendo, lo que lo llevará a tener ideas nuevas, diferentes y poderosas en su mente, las que luego puede usar para dar forma a su vida como desee.

El verdadero mago es poderoso porque no tiene dudas acerca de quién es, qué es y por qué existe. Ni siquiera se llama a sí mismo mago. La palabra "mago" viene con mucho lastre. Dígale a alguien, "soy un mago", y asumirá que usted está loco o le pedirá entradas para su próximo espectáculo, incluso si no tiene intención de asistir. Se trata más de llevar sus metas a la realidad física, entendiendo que la palabra "magia" es problemática.

En Pocas Palabras...

La magia es el arte y la ciencia de manifestarse usando rituales, imaginación, arquetipos y símbolos. Con el ritual, aprovecha la energía necesaria para crear su realidad, para influir las cosas para que ocurran a su manera.

Hay quienes asumen que esto es una locura. "Todo está en tu cabeza", le dicen. Está todo inventado. Sin embargo, es difícil ignorar los efectos que los rituales mágicos tienen en su cuerpo. Siente la energía crepitante y siente los cambios en su forma de pensar. Ve cambios reales en la forma en que vive su vida, así como resultados reales. Para algo que está completamente en su cabeza, la magia del ritual es innegablemente poderosa. Puede decirle fácilmente a los no creyentes, como lo dijo Lon Milo DuQuette, "Todo está en tu cabeza... Simplemente no tiene idea de lo grande que es su cabeza".

Algunas personas ven la magia a través del lente de la energía. Creen que el practicante de magia simplemente genera energía que interactúa con la materia, por lo que crea cambios, ya sea cerca o lejos. Los neurocientíficos argumentan que esta energía es autogenerada, y surge de su cerebro y sistema nervioso. Otros, incluidos los físicos cuánticos, dicen que la conciencia o la energía es de lo que está hecho el universo; y lo último se está demostrando cada vez más. Lea "Magia Real" del Dr. Dean Radin para obtener más información sobre el tema que influye en el pensamiento.

Cuando se trata de magia, la última mentalidad asume que todo sucede pidiendo la ayuda de espíritus o ángeles para hacer realidad nuestros objetivos. Aceptar esto significaría que también debemos aceptar que hay todo un espectro de vida totalmente diferente del que no estamos al tanto como humanos, un universo completamente distinto con el que podemos interactuar al ser deliberadamente conscientes de él. Si estos seres existen, simplemente actúe asumiendo que son reales y le ayudarán a producir resultados notables en todo momento.

Si no recuerda nada más sobre la magia, tenga en cuenta estas tres cosas:

- **La Magia se Trata de Intención.** Sabe lo que *realmente* quiere, no solo lo que cree que quiere. Esta es su intención, incondicionada e indómita por dudas o creencias acerca de ser indigno o no merecer su intención. Conocerá su objetivo por cuánta alegría le da y cuánto derrama todo su ser de luz y entusiasmo.

- **La Magia se Trata de Atención.** Debe concentrarse en su propósito con una mente y un corazón inquebrantables. Cuanto más pueda sentirlo, imaginarlo y aceptarlo, más rápido permitirá que la intención se despliegue y cristalice en la realidad tridimensional.

- **La Magia se Trata de Acción.** No puede simplemente sentarse en su casa, visualizar una bolsa de dinero en su armario, o un amante en su cama, y luego esperar que esas cosas le lleguen. Hay acción involucrada. Usted actúa como una muestra de fe que su meta se ha cumplido y se coloca en una posición en la que está listo para recibir su objetivo. Las cosas funcionan por sí solas después de su ritual, pero debe hacer las cosas de tiene que hacer para estar listo para recibir la manifestación física de su bendición.

Capítulo Dos: Ley Mágica: Haz Tu Voluntad

¿Qué se le viene a la mente cuando lee la ley mágica, "haz tu voluntad"? ¿La licencia para hacer lo que quiera, cuando quiera, sin importar las consecuencias? Bien, eso no es lo que Crowley quiso decir con eso. Lamentablemente, esta frase a menudo se malinterpreta, incluso por aquellos que afirman estar al tanto de asuntos de ocultismo. "Haz tu voluntad" no significa que deba involucrarse en el libertinaje o la indulgencia excesiva. La filosofía original de Crowley no era perderse en los caprichos que se le ocurrieran. Su cita se refería a la Verdadera Voluntad.

Descubrir Su Verdadera Voluntad: La Clave para la Transformación

Para conocer su Verdadera Voluntad, debe encontrar su Verdadero Ser. Cuando aprenda esto, debe hacer precisamente eso. Debe "hacer su voluntad". No se trata de darse carta blanca para ir a una matanza o sacrificar a los jóvenes e inocentes. Haga su voluntad descubriendo el verdadero propósito de su vida, encontrando su camino en el cual sumergirse, y manteniéndose en ese camino, ignorando todo lo demás.

Crowley, siempre prolífico, dio varias definiciones durante su vida. La Verdadera Voluntad es esencialmente su energía. Es eso que va a pasar expresando durante su vida o vidas. Crowley lo expresa maravillosamente cuando dice, "la Verdadera Voluntad es la razón de tu encarnación". Según Crowley en Makgia Sin Lágrimas, para descubrir la suya, "debes encontrar una respuesta a la pregunta:'¿cómo llegué a estar en este lugar en este momento, involucrado en este trabajo en particular?'".

La esencia de "haz tu voluntad" es simplemente esto: el único derecho que usted tiene es hacer su Verdadera Voluntad en todo momento, en pensamiento, palabra y obra. Para ser claros, en ningún momento su Verdad causará dolor o desesperación a los demás. Nunca robará a otras estrellas como usted sus propios derechos para seguir sus propias verdades. Este principio no le da derecho a lastimar a otros intencionalmente, aprovecharse de ellos, o ponerlos en una posición peligrosa.

Encuentre su Verdadera Voluntad. Cuando lo haga, recuerde que no implicará engañar a los demás o ser deshonesto. Tampoco implicará engañar a la gente para que haga cosas que normalmente no harían por su propia voluntad en contra de sus mejores intereses, manipularlos, o cualquier otra fealdad.

Crowley lo comparó con el Tao. La mayoría de las personas asumen que se trata de acción, pero se trata de mucho más que eso. Es energía que usted manifiesta en cualquier forma que quiera. Piense en el Tao por un momento. Para seguir el Tao, no hay pensamiento consciente, es energía que fluye naturalmente, al igual que un río que sigue su corriente, sin ayuda y sin obstáculos. Todo se mueve por la fuerza de la autenticidad. El río no está pensando, "me estoy dirigiendo al mar". El río no está siendo guiado por nada más que la posición natural de las rocas y el lecho a su alrededor.

Se mueve con sus auténticas leyes naturales codificadas en la naturaleza. Se mueve con el Tao.

En Makgia Sin Lágrimas, capítulo XXXIV, Crowley lo compara con un planeta que se mueve en armonía con otros planetas mientras sigue su propio camino. Cuando otro cuerpo planetario se acerca demasiado, el planeta hace un pequeño ajuste sin fuerza, sin desacuerdo, todo para que pueda continuar en su propia órbita. Esto sugiere lo que cubrimos en el capítulo uno, que todos son una estrella por derecho propio, con la suya para descubrir y perseguir. Cuando haya encontrado la suya, no afectará la capacidad de otra persona para seguir su Verdad. Cada estrella permanece en un estado de equilibrio con todas las demás estrellas. Al ser su yo auténtico, usted creará equilibrio en su vida, y este equilibrio se extenderá al universo, creando el cambio duradero que busca en su realidad.

La Inscripción en la Puerta hacia lo Místico: Hombre, Conócete a Ti Mismo

Debe identificarse para acceder a los misterios divinos del universo y aprovecharlos para su bien y el de los demás. Para conocerse a sí mismo, debe ser usted mismo y observar quién es realmente ese yo. Pero ¿cómo puede ser usted mismo en un mundo que sigue insistiendo en que no puede colorear fuera de las líneas? ¿Cómo puede ser usted mismo en un mundo que dice por un lado "sé tú sin disculpas", y por el otro lado dice "está bien, retrocede, es mucho 'tú' dominando"? Atreva a explorarse fuera de lo que la sociedad y los medios dicen que está bien, y es crucificado por ello.

Es muy difícil ser quien es, ya que significa que debe lidiar con desacuerdos con la familia, amigos, y el mundo en general. Casi parece inútil. ¿Por qué iniciar deliberadamente una lucha con todo el mundo de un lado y usted solo?

He aquí por qué vale la pena que se conozca a sí mismo: es la única forma en que encontrará una felicidad pura y verdadera. Si no se conoce a sí mismo, su verdadero Ser, entonces no podrá encontrar su Verdadera Voluntad; y si no puede encontrarla, ni mucho menos actuar en consecuencia, estará condenado a una vida rebosante de tristeza e insatisfacción. Crowley escribe en Magia(k) en Teoría y Práctica que cada uno de nosotros es "insatisfactorio consigo mismo hasta que se ha establecido en una relación correcta con el Universo". Esa relación correcta es su Verdadera Voluntad, nacida del autoconocimiento.

Escuche, si está haciendo algo fuera de lo suyo, entonces es una pérdida de tiempo y esfuerzo. Aquellos que se oponen a ello, por ignorancia o por elección, encontrarán que sus esperanzas y sueños son como un río que intenta pasar de fluir río abajo a fluir río arriba: una imposibilidad.

Debe conocerse a sí mismo, para poder soltar todas las ramas colgantes y las piedras traicioneras y lisas, y simplemente dejarse llevar corriente abajo hacia su deseo, que está siempre presente, y esperando que deje de luchar contra él.

Ir río abajo no significa que su camino será fácil o que no habrá obstáculos en su camino. Tendrá que lidiar con estas cosas; esa es la naturaleza de la vida. Se enfrentará al rechazo por parte de su familia, amigos y la sociedad, quienes no podrán entender su propósito. Tienen buenas intenciones, pero a menudo, lo suyo va en contra de los planes que tienen para usted, por lo que lucharán contra él. Puede estar seguro de ello. Aun así, la recompensa de mantenerse fiel a su yo auténtico vale *mucho* la pena.

Haga todo lo que pueda para hacer ladrar a un león y maullar a una rana. Pase lo que pase, nunca lo logrará. Pero permita que cada animal suene de manera natural, y habrá descubierto el secreto para seguir adelante en la vida. ¡Puede aprender que la inercia del Universo lo puede llevar mucho más lejos en su camino de lo que puede intentar forzar su camino para hacer funcionar algo que nunca fue para usted en primer lugar!

Disipando los Mitos que Rodean la Ley Mágica

Nuevamente, hay demasiados conceptos erróneos en torno a la *ley mágica*. Para ayudarlo a mantener el rumbo y progresar con la magia, debe conocer la verdad. Entonces, librémonos de estas mentiras y malentendidos.

Mito #1: Usted Solo Encuentra Su Verdadera Voluntad en un Momento Determinado. Por alguna razón, existe el mito de que hay un momento en que puede descubrir cuál es su verdadera voluntad. Este mito sugiere que, si bien es posible que no conozca su voluntad, en algún momento en el futuro, se le ocurrirá en una experiencia o en un destello de entendimiento.

La verdad está escrita por Crowley en <u>Liber II: El Mensaje del Maestro Therion</u>: "La voluntad no es más que el aspecto dinámico del yo...".

En otras palabras, es solo usted quien se expresa de forma natural. Su verdadera naturaleza se expresará, ya sea en su totalidad o diluida, con nociones preconcebidas sobre quién debería ser usted. Entonces, siempre somos parte de eso. Si lo somos, ¿cuál es entonces el propósito de toda esta charla de "encuentra tu Verdadera Voluntad"? Es simple: el punto es que podríamos hacer un mejor trabajo haciendo lo que queremos, siendo más conscientes de lo que queremos, y haciéndolo con más compromiso e intención. Los entendimientos repentinos ocurren, pero ese evento no cambia el hecho de que su Verdad es momento a momento, dinámica, y que vale la pena perseguir a toda costa.

Mito #2: La Verdadera Voluntad Solo Puede ser Encontrada en el Futuro Distante. Al igual que el mito anterior, la gente piensa: "puede que no tenga idea de cuál sea actualmente mi Voluntad, pero lo sabré cuando la vea... en el futuro... con suerte". Este no es un pensamiento irracional, pero nuevamente, el mago debe recordar que todos los días, en todo momento, estamos actuando según nuestra voluntad hasta cierto punto. Quizás, en lugar de decir "Encuentra tu Verdadera Voluntad", podríamos decir "Vuélvete más consciente de tu Verdadero Ser y trata de comprenderlo mejor".

Cuando piensa en ello como algo por descubrir, lo hace menos ansioso por hacer o ser lo que es en ese momento. Le hace posponer las cosas para una fecha posterior. Mira a su alrededor mientras vive la vida miserable que no quiere y dice, "¡si tan solo supiera cuál es mi *Verdadera Voluntad*!" cuando sería aún más beneficioso considerar las circunstancias actuales y ver qué se puede hacer en el ahora.

Mito #3: O Está Actuando según Su Verdadera Voluntad o No. La voluntad no es una cosa en blanco y negro. Hay muchas tonalidades de gris. Todo se reduce a cuánto lo persiga. Recuerde esto, y el viaje le resultará mucho más fácil, ya que no se quedará atascado por la duda o la culpa sobre si se está manteniendo fiel a sí mismo. Sabe que está siguiendo su camino, y el único ajuste que necesita es estar más comprometido e intencional en permanecer fiel a su camino al 100 por ciento.

Mito #4: La Verdadera Voluntad es Solo Una Cosa, y Nunca Cambia. Esto está lejos de la verdad. La voluntad no tiene nada que ver con el "trabajo perfecto" ni nada por el estilo. Es una combinación de sus diversos talentos, pasatiempos y tendencias, sueños y aspiraciones. Implicará mucho más que usar un sombrero como "maestro", o "médico", o "madre".

No puede aislar una sola cosa y decir, "es mi voluntad ser padre".
Bien, si todo lo que usted es es ser padre, ¿qué es cuando *va a
trabajar*? ¿Es padre en su bufete de abogados? Bueno, obviamente
no; usted es un abogado. Cuando regresa a casa, ¿juega el papel de
abogado para sus hijos y su familia? Estas preguntas pueden parecer
tontas, pero sirven para ilustrar que su voluntad no está ligada a solo
una cosa; es muy dinámica, cambia de un momento a otro.

**Mito #5: La Verdadera Voluntad se Puede Resumir en una
Frase.** Espero que vea por qué esto es un mito. Si la voluntad es
dinámica (y si lo es), ¿entonces cómo la resumiría en una frase
clara? Ahora, es beneficioso intentar hacer eso, para que tenga una
expresión con la que juzgar si está siguiendo su Verdad *en este
momento*. Diga una frase que suene como, "es mi Voluntad tener
plenitud en mi salud", lo que significa que no tiene por qué comer
ese tercer paquete de barras de caramelo.

Pues bien, ¿qué otra frase tiene para definir su personaje ante
una situación que le tienta a hacer trampa? ¿Y qué otra frase tendría
cuando se enfrenta a un lugar donde cuestiona la abundancia del
universo y su disponibilidad para usted? No puede resumirla en
una frase porque está más allá de las palabras. Crowley lo expresó
de esta manera: *"También la razón es una mentira; porque hay un
factor infinito y desconocido; todas sus palabras son sesgadas".*
Puede encontrar esta cita en Liber AL vel Legis, II:32.

**Mito #6: Encontrar Su Verdadera Voluntad Significa Tener una
Experiencia Mística.** No necesita que un ser altamente
evolucionado aparezca y le diga qué es. No necesita consumir
ayahuasca antes de saberlo. No es necesario "alcanzar la
iluminación". Sí, esas experiencias podrían brindarle claridad y
ayudarlo a mantener su ego bajo control, pero recuerde que la
Voluntad siempre está presente, y actúa constantemente sobre ella
hasta cierto punto, y puede expresarse de manera más intencional.

No necesita un trasfondo místico especial para saber que cierta relación o amistad ya no está en armonía con usted. No necesita una experiencia mística que le haga saber el momento de cambiar de carrera o el momento de seguir sus sueños de manera activa. No asuma erróneamente que su falta de conocimiento mágico le da un pase libre para evitar su Voluntad.

Mito #7: Su Verdadera Voluntad es Verdadera para Todos los Demás. No existe tal cosa como el "mago ideal". No hay una regla de oro con la cual uno pueda medir a todos los thelemitas. No le corresponde a usted decidir por lo demás qué es lo correcto o incorrecto para ellos o cuál es su Verdadera Voluntad. En La Visión, está escrito, "el hombre de la tierra es adherente. El amante da vida al trabajo entre los hombres. El ermitaño va solo y da solo de su luz a los hombres".

Dicho de otra manera: algunas personas son de la tierra, otros son ermitaños, y algunas son amantes. Es diferente para todos nosotros. Uno puede buscar la iluminación espiritual, y otro puede buscar vivir una vida libre de tales preocupaciones. Ninguno de ellos está equivocado, e insistir que su camino es el único camino verdadero no solo es muy egoísta, sino que también insinúa una actitud santurrona, y es la antítesis completa de la libertad total, que es el sello distintivo de la Ley.

Mito #8: Su Voluntad No Tiene Conexión con Los Que Le Rodean. Si bien todos somos estrellas individuales, todos estamos interconectados en la misma galaxia. Nos afecta el mundo que nos rodea y, a su vez, también afectamos al mundo. En otras palabras, sus acciones no están contenidas en una burbuja; se extienden hacia el universo.

Si es su voluntad comer solo carne, los animales se verán afectados. Si es su voluntad comer solo plantas, las plantas se verán afectadas. Si quiere ser generoso, bueno, solo puede ser caritativo con los demás. Para alcanzar la iluminación, eso significa que su entorno y circunstancias deben verse afectados de alguna manera para permitirle esa experiencia.

Con esto en mente, si nota que sigue enfrentando muchas dificultades cuando hace ciertas cosas, puede pensar en ello como un mensaje que le dice que necesita cambiar lo que está haciendo o cómo lo está haciendo, en lugar de ser tan terco e insistir en "Mi camino o la carretera".

Mito #9: La Verdadera Voluntad Le Exime De Sufrir. Nuevamente, encontrarla y seguirla de la mejor manera que pueda no significa que no enfrentará la adversidad. El sufrimiento es parte de la vida. Nos enfermamos; perdemos personas, olvidamos cosas, morimos. Así es la vida. El hecho de que esté experimentando algo no significa que automáticamente no sea capaz de ser fiel a su voluntad. El sufrimiento le permite crecer, aprender, y ser más de lo que nunca fue.

Como verdadero thelemita, no está interesado en trascender el mundo material físico. No busca evitar el dolor y el sufrimiento. Reconocer el sufrimiento como parte de la vida lo libera de la esclavitud de sentimientos innecesarios. Ahí radica la distinción. Mucha miseria no es algo natural, tampoco es necesaria. En cambio, nace de la mente indisciplinada, alimentada por mentiras y conceptos erróneos tanto desde dentro como desde fuera. Es este sufrimiento *innecesario* del que le exime.

Mito #10: La Verdadera Voluntad le Exime De Conflictos. Al igual que el sufrimiento, las diferencias no se pueden evitar en la vida. Siempre habrá quien no vea las cosas como usted. Incluso mientras hace esta práctica (y ellos hacen la suya), no siempre estarán de acuerdo con usted. No hay nada intrínsecamente malo en un desacuerdo. El problema está en cómo se *percibe* la diferencia.

Al hacer esto y permitir que otros tengan el derecho de seguir lo suyo, llegará a comprender que está bien percibir las cosas de manera diferente. Deje ir el impulso de insistir en que su enfoque es el camino correcto o el único camino, una mentalidad que provoca que muchos desacuerdos tengan consecuencias terribles como la traición, la guerra y la opresión.

Esto no significa que los conflictos terminen. Simplemente llega a un entendimiento en que usted no tiene derecho a imponer sus estándares y expectativas a nadie más, del mismo modo que ellos no tienen derecho a afectar la manera que usted escogió para autoexpresarse o sus creencias. Por eso dice en AL III:42, "...no discuta, no convierta, ¡no hable demasiado!".

Con estos mitos desacreditados, esto debería estar aún más claro en su mente en este momento y debería ayudarlo a crecer en conciencia en cada momento.

Capítulo Tres: Meditación: El Poder de la Mente

El hecho de que esté leyendo esto en este momento significa que sabe cuán importante es para usted encontrar su Verdadera Voluntad. Dice que está dispuesto a explorarla, perseguirla, y permitirle expresarla más cada día. Por eso, felicítese.

La Verdadera Voluntad no se manifiesta fácilmente, particularmente para aquellos que no han pasado tiempo buscándola. Si tan solo fuera tan simple como descubrir su carrera, ¡al menos podría tener un lugar para empezar su búsqueda! Ahora sabe que la Verdadera Voluntad se trata de mucho más que eso. Es su misma razón de ser, respirar.

Como iniciado de la magia, es su deber no solo descubrir su Verdadera Voluntad, sino ponerla en práctica de la mejor manera posible, de un momento a otro. Este es el propósito de la magia real. Todo lo demás es simplemente pelusa y plumas. Parece tan simple, y lo es, teóricamente. Con práctica real, puede resultar bastante difícil.

Ya sabe que para realizar todo lo que quiera en la vida debe seguir su dicha, permitir que su corazón o alegría lo guíe hacia lo que más le importa. Pero tales sentimientos nunca dejan en claro que estas cosas no son simplemente un hecho. Convertirse en la mejor y más grandiosa versión de uno mismo no es algo que simplemente sucede. Nunca ha sido así. Nunca lo será. Hay un elemento de trabajo.

Asumir que estos rasgos deseables simplemente caen en el regazo de uno es lo mismo que asumir que todo lo que necesita para desarrollar músculos es sentarse y no hacer nada. Tiene que entrenar. Tiene que descomponer el músculo para permitir que se repare a sí mismo, para así volverse más fuerte y desarrollar aún más músculo y fuerza. También necesitará orientación para que no entrene de una manera que haga que sus esfuerzos sean inútiles, en el mejor de los casos, o que lo ponga en peligro, en el peor de los casos.

El mismo principio de ejercitar su cuerpo para desarrollar músculos se aplica para descubrir su Verdadera Voluntad y ejercitarla. Necesitará entrenar y prestar atención a quién es ahora, para que pueda ajustarse en consecuencia con la persona en la que le gustaría convertirse, la cual es la grandeza que sabe que usted es. Necesitará herramientas y necesitará varias técnicas y métodos para entrenarse. Los métodos y herramientas que más necesitará son la meditación y la magia. Es a la primera de estas a la que prestaremos atención en este capítulo.

Meditación: La Llave Maestra a lo Mágico

No existe un método que le ayude a conectarse con lo mágico dentro de usted que funcione mejor que la meditación. Esto es tan antiguo como el tiempo mismo. Es muy precisa, y siempre da resultados sin falta si usa métodos que son auténticos y no la basura común y corriente que venden los charlatanes que quieren hacerle creer que ellos tienen la llave hacia su salvación.

La meditación funciona... cuando la trabaja. Deberá recordar las dos etapas del trabajo al comenzar su viaje.

- El viaje dentro de sí mismo para descubrir su Verdadera Voluntad.

- La aplicación de su cuerpo, mente y alma hacia la manifestación de su Verdadera Voluntad.

No permita que el trabajo le asuste y le impida hacer lo que debe. Es el único trabajo que lo recompensará en exceso, muy por encima y más allá de cualquier otra cosa que pueda imaginar.

Nadie nace sabiendo exactamente qué camino debe tomar su vida. Si ese fuera el caso, entonces no tendríamos que luchar. Simplemente estaríamos listos y funcionando, ocupándonos de la tarea de cumplir con nuestro destino. NO es así como esto funciona.

Cuando nace, nace tabula rasa, aparte de su Verdadera Voluntad innata, claro. Con el tiempo, descubre que obtiene muchas impresiones sobre lo que debe y no debe hacer, ser o tener. Sin embargo, su Verdadera Voluntad permanece dentro de usted, esperando ser descubierta o expresada incluso más de lo que le permite que sea. Espera a que se vuelva consciente de su propia autoridad divina sobre su vida. Se vuelve más consciente de su autoridad a través de la práctica constante de la meditación.

Con la meditación, descubre que el velo que cubre todos los ojos y hace creer a todos que simplemente están destinados a experimentar la vida que les toca se cae. Se vuelve más consciente del poder dentro de usted. Aprende qué tan poderoso es. Se da cuenta de que tiene una varita mágica dentro de usted, el libre albedrío, que puede usar para crear la vida que prefiera.

Meditación: El Arte del Mindfulness

Una parte muy crítica de la práctica budista es *sati*, que es consciencia o atención plena. El mindfulness implica volverse muy consciente del aquí y ahora. Las mentes de la mayoría de las personas están atrapadas en el pasado con arrepentimiento o recuerdos, o atrapadas en el futuro con preocupación o anticipación. Lamentablemente, es raro encontrar una persona presente en el aquí y ahora. La práctica de la meditación le enseña a volverse más consciente, más presente, aquí y ahora. Al estar atado y conectado en el presente, podrá descifrar mejor lo que su verdadera voluntad le dicta en ese momento.

Hay varios significados de la palabra budista *sati*, además de mindfulness. Sati se deriva de la palabra pali sati, y del sánscrito smrti. Originalmente, smrti significaba "recolectar" o "recordar" o "tener en cuenta". Estos significados estaban relacionados con la tradición védica de memorizar las sagradas escrituras.

Según el Satipatthana Sutta, sati significa "mantener la consciencia propia de la realidad". Además, define el mindfulness como ser consciente de que lo que percibe con sus sentidos no son más que ilusiones. Esta conciencia le permite ver la verdadera naturaleza de la vida que le rodea. Inevitablemente, cuanto más practica la meditación, más consciente se vuelve, y más clara se vuelve su Verdadera Voluntad en su mente.

Técnicas de Meditación

Técnica #1: Conciencia Alterada. Encuentre un lugar cómodo para sentarse con ropa holgada y cómoda, y cierre los ojos. Puede encender incienso o una vela o tocar música relajante y calmada antes de comenzar, pero nada de eso es necesario. Tales cosas pueden ser un obstáculo porque, idealmente, desea llegar a un punto en el que pueda practicar dondequiera que esté, ya sea que haya velas, música, incienso o no. Estas cosas solo le ayudarán inicialmente.

Ahora preste atención a la parte superior de su cabeza. Mientras lo hace, comience a explorar su cuerpo dirigiendo esa conciencia desde su cabeza, avanzando lentamente hacia sus pies. A medida que se vuelve consciente de cada parte de su cuerpo, permítale que se relaje. Observe las partes en las que siente más estrés o resistencia. Cuando sienta áreas en su cuerpo con tensión, imagine que ondas relajantes de luz cálida fluyen desde la parte superior de su cabeza y a través de esas partes, despejando toda la tensión e inquietud. Haga su mejor esfuerzo para relajarse.

Respire lo más profundo que pueda, asegurándose de que sus pulmones estén completamente llenos. A través de sus labios ligeramente entreabiertos, deje ir el aire. Desea que cada inhalación y exhalación se sienta aún más profunda que la anterior. Imagine que su respiración es como un viento suave que sopla de un lado a otro, un ciclo interminable y relajante. Todos los pensamientos problemáticos son solo nubes, que los suaves vientos de su aliento se llevan a la nada. Su trabajo no es controlar sus pensamientos. Simplemente déjelos pasar, arrastrados por el viento.

Dirija su atención a su corazón y sienta la energía mientras late y mueve la sangre por su cuerpo. Sienta el amor interior, su amor por todas las personas que ama. Sienta la luz en su corazón. En realidad, no es necesario ver nada. Sepa que está ahí y acéptelo. Finalmente, sienta la chispa divina dentro de su alma. Sepa que en su alma hay una llama, cuya luz sigue ardiendo brillante y lo guía por su camino.

Este ejercicio lo pone en contacto con los cuatro elementos de la magia: al tranquilizar su cuerpo, ha trabajado con el elemento tierra. Al eliminar todos los pensamientos de su mente y concentrarse en su respiración, ha trabajado con el elemento aire. Concentrarse en su corazón, el amor y la sangre son el elemento agua, y su alma lo conecta con el elemento fuego.

Cuente hacia atrás lentamente de diez a uno mientras respira, imaginando que escribe cada número en una pizarra y luego lo borra. De esta manera, su mente consciente está lista para manejar cualquier tarea que le asigne. Cuando llegue a uno, comience nuevamente la cuenta regresiva, esta vez solo con su voz interior, para que su intuición se active. Cuando haya terminado, estará en un estado alterado. Disfrútelo. Este es el estado de meditación, desde el cual puede trabajar su magia para el bien de todos. Cuando esté listo para salir de él, simplemente cuente de uno a diez, luego respire regularmente, y sienta realmente su cuerpo. Haga un buen estiramiento. Si se siente desconectado de la realidad, ponga las manos en el suelo y empújelas hacia adentro, o puede acostarse boca arriba en el suelo y sentirse conectado a él.

Técnica #2: Meditación de Pie. Querrá asegurarse de estar descalzo para esto. Busque un lugar tranquilo, cierre los ojos y mantenga sus hombros relajados. Mueva su conciencia a sus pies. Sienta lo que sus pies sienten en el suelo. Preste atención a lo que observa acerca de cómo se siente. ¿La parte media de sus pies está haciendo menos contacto con el suelo que los talones y los dedos? ¿La presión es uniforme o diferente en algunos puntos? ¿Qué pasa con la temperatura? ¿Siente muy poco, si es que siente algo? Luego, intente mover sus pies y balancearlos hacia adelante y hacia atrás para que pueda sentir varias sensaciones. Fíjese en todas las que pueda.

Técnica #3: Meditación Auditiva. Encuentre un lugar donde pueda escuchar todo tipo de sonidos; un restaurante, el parque, un lago o lo que sea. También puede hacer esta técnica mientras espera en el aeropuerto o en una cola. No es necesario mantener los ojos cerrados, aunque para algunas personas podría ser de una gran ayuda hacerlo.

Ahora, preste atención a todos los sonidos que le rodean. Haga todo lo posible para distinguirlos y observe cómo contrastan entre sí. Hay sonidos que son más fuertes, otros más suaves. Pueden ser más profundos, y otros pueden ser chillones. Algunos están cerca, mientras que otros están lejos. Algunos son agradables, mientras que otros son irritantes. Obsérvelos a todos. Luego, concéntrese en un sonido durante algún tiempo antes de pasar su atención al siguiente.

Técnica #4: Meditación Caminando. También querrá sacarse los zapatos y calcetines para esta. También debe mantener los ojos abiertos para no chocar contra algo. Ya sea que esté con otras personas o solo, puede hacer esta meditación, siempre y cuando no lo molesten. Puede hacerlo en su habitación, simplemente caminando de un lado para otro, tomándose su tiempo con cada paso (pero no tan lento como, digamos, los perezosos de aquella caricatura). A medida que se mueve, observe cómo sus pies golpean el suelo y se levantan nuevamente. También puede notar todas las sensaciones que siente en sus piernas, muslos, rodillas, pantorrillas y ángulos. Solo siga todas las sensaciones que pueda.

Técnica #5: Meditación Mientras Mira. Idealmente, haga esto afuera. Si no puede salir, entonces una habitación lo suficientemente grande puede funcionar bien. Quiere mirar algo que esté cerca de usted, tal vez una flor o su taza de café. Mire de cerca cada detalle que encuentre, desde los diferentes tonos hasta los patrones, colores y formas de lo que sea que llame su atención. Dedique un minuto o dos mirando este objeto, luego muévase a un objeto más lejano en la distancia. Mírelo con el mismo grado de atención por un minuto o dos. Cuando haya terminado, vuelva a prestar atención al primer objeto que estudió, y fíjese si ve cosas que no había visto la primera vez.

¿Por Qué Meditar?

A medida que practique estos ejercicios, notará que se vuelve mucho mejor aclarando su mente y silenciando sus pensamientos para llegar directamente a la verdad de cualquier asunto en el momento. Será más consciente de dónde están sus pensamientos la mayor parte del tiempo, y como tal, podrá detener cualquier pensamiento que no resuene con su Verdadera Voluntad antes de que tenga la oportunidad de ganar suficiente tracción para provocar un desastre.

La meditación hace mucho más que ayudarle a ser consciente del momento. Le ayuda a entrenar su mente para que solo haga su voluntad. No puede ser ejecutada en su nombre por ningún mensaje subliminal en los medios o cualquier material oscuro y deprimente del mundo lúgubre que lo rodea.

Con la meditación, puede saber si está alimentando su alma con fe y las cosas buenas de la vida, o si la está llenando de miedo. Debe asegurarse de que su mente esté enfocada en las cosas correctas. La mente no discrimina, y le traerá exactamente aquello en lo que se enfoca. Con la meditación, es más consciente de donde pone su atención. Su atención es oro. No la malgaste. La mejor manera de no desperdiciarlo todo es hacer de la meditación una práctica diaria.

Capítulo Cuatro: Yoga: La Magia del Cuerpo Físico

Hay dos elementos muy críticos en términos de logro espiritual, de acuerdo con la ley de Thelema. Uno es la magia. El otro es el yoga.

Autodescubrimiento y Autorrealización a través del Yoga

El yoga, por su propia naturaleza, es todo un proceso a través del cual usted se descubre a sí mismo. No es una religión, como la gente cree erróneamente, y tampoco hay maldad en él. Todo es una práctica a través de la cual aprende acerca de quién realmente es y qué aporta a la mesa cósmica, por así decirlo. A medida que avanza en el proceso del yoga, va despejando su mente de todas las telarañas para que pueda verse a sí mismo, a los demás, y al mundo que lo rodea en sus formas más verdaderas.

No puede separarlo de su identidad. Entonces, descubrirse a sí mismo y darse cuenta de quién es no es algo tan básico como quitarse un atuendo y ponerse otro. Cambiar su carácter también es diferente de simplemente meter todos los versos y dogmas de una religión o lo que sea en su mente, como la mayoría de las religiones son culpables de hacer.

El yoga es un viaje muy personal en el que debe llegar a conocerse íntimamente. Descubre su naturaleza genuina al tener sus propias experiencias y percibir las cosas desde su propia perspectiva. Entonces, piense en el yoga como una ciencia en lugar de una religión a la que puede inscribirse hoy solo para renunciar mañana. Hay un proceso completo. Los verdaderamente autorrealizados son aquellos que han pasado por el proceso del yoga, que es la revelación de todo en su verdadera forma.

Aquí radica la distinción clave entre yoga y religión: puede unirse a una religión y no necesariamente practicarla para ser considerado parte de aquella iglesia, pero con el yoga, no se une a nada; lo practica.

Mucha gente asume erróneamente que el yoga es similar a una secta religiosa, o a un culto, o un equipo al que se une, por lo que tiene la satisfacción de ser parte de algo más grande que usted. El yoga es un conjunto de valores, herramientas y virtudes, todos los cuales conforman un proceso que le lleva a convertirse en su mejor yo físico, espiritual y mental. Aquí es donde muchas personas abandonan el yoga porque no pueden "unirse" a él; solo pueden practicarlo, y la práctica requiere disciplina.

El yoga no se trata de creer ciegamente, sino de crecer en sabiduría y amor por los demás. Es un proceso solitario, por lo que debe encontrar su fuerza dentro de usted, y no desde fuera en forma de un grupo. No puede unirse al yoga, lo que significa que *tampoco puede dejarlo*. Es su deber para consigo mismo continuar descubriendo aquella parte de usted que es más grande que el disfraz de carne y hueso que tiene en este momento.

Una Breve Historia del Yoga

La historia del yoga está tan llena de incertidumbre porque sus textos sagrados se transmitieron de una generación a la siguiente por tradición oral. Además, las instrucciones eran en su mayoría secretas. Los primeros registros de las enseñanzas del yoga fueron grabados en hojas de palmera, demasiado frágiles y fáciles de destruir, dañarse o perderse. Si bien se dice que el yoga ha avanzado en el transcurso de 5000 años, hay quienes creen que tiene el doble de antigüedad.

Cuatro períodos distintos son los que más importan cuando se trata del desarrollo, práctica e innovaciones en el yoga.

Yoga Preclásico: el yoga se desarrolló inicialmente hace más de 5000 años en el norte de la India por una civilización conocida como indo-sarasvati. La misma palabra yoga fue escrita por primera vez en el Rig Veda, uno de los textos más antiguos y sagrados conformado por mantras, canciones y rituales utilizados por los sacerdotes védicos llamados brahmanes.

Los brahmanes ayudaron a desarrollar el yoga lentamente, junto con videntes místicos llamados rishis. Todos se tomaron el tiempo para documentar sus creencias y sus prácticas en lo que se llama los *Upanishads*, que tienen más de 200 escrituras, incluido el renombrado Bhagavad-Gita, escrito alrededor del año 500 a. e. c. Lo que hicieron los Upanishads fue reformular el sacrificio ritual cubierto en los Vedas y convertirlo en un proceso interno, que implica sacrificar el ego en el altar de la sabiduría (jnana yoga), el autoconocimiento y la acción (karma yoga).

Yoga Clásico: donde la etapa preclásica estaba llena de ideas yóguicas contradictorias, el periodo clásico tenía un enfoque más sistemático y organizado de los principios, debido a los Yoga-Sutras de Patanjali, que fueron escritos durante el siglo II. Este texto repasa el camino ideal del Raja Yoga, que generalmente se llama "yoga clásico". Patanjali trajo orden al yoga al crear su camino de ocho ramas, que detalla los pasos y etapas necesarias del proceso requerido para obtener la iluminación o Samadhi. Hasta ahora, los Yoga-Sutras de Patanjali continúan influyendo en varios estilos de yoga como los conocemos hoy.

Yoga Posclásico: siglos después de la reforma hecha por Patanjali, una colección de yoguis se unió para formar un sistema o serie de prácticas que dan larga vida y reviven el cuerpo. Como uno solo, rechazaron todas las antiguas enseñanzas védicas y se enfocaron en usar el cuerpo físico para lograr el Samaadhi. Estos yoguis crearon el Tantra Yoga, que tiene técnicas diseñadas para limpiar la mente y el cuerpo para deshacerse de todo lo que nos ataba al mundo físico. Así nació el Hatha Yoga.

Yoga Moderno: desde finales de 1800 hasta principios de 1900 hubo un éxodo de maestros de yoga de Oriente a Occidente. Estos maestros atrajeron seguidores, en particular del Parlamento de las Religiones en 1893, en Chicago, cuando un maestro en particular, Swami Vivekananda, dejó boquiabiertos a sus asistentes con sus asombrosas ideas sobre el yoga. En las décadas de 1920 y 1930, India estaba muy interesada en el Hatha Yoga, gracias a Swami Sivananda, T. Krishnamacharya, y otros conocidos practicantes del Hatha Yoga. La primera escuela de Hatha Yoga se fundó en 1924 por Krishnamacharya. Luego estuvo la Sociedad de la Vida Divina, justo en las orillas del río Ganges, establecida por Sivananda en 1936.

Tres estudiantes: T.K.V. Desikachar, B.K.S. Iyengar y Pattabhi Jois, habiendo sido instruidos por Krishnamacharya, se aseguraron de que su legado continuara y de que el Hatha Yoga se hiciera más popular que nunca. Sivananda había escrito más de 200 libros sobre yoga, había creado nueve ashrams y una cantidad impresionante de centros de yoga en todo el mundo.

El yoga llegó a Occidente poco a poco, hasta 1947, cuando Indra Devi montó su estudio de yoga en Hollywood. Desde que eso sucedió, ha habido muchos más profesores de yoga indios y occidentales que han compartido sus conocimientos sobre el Hatha Yoga y han conseguido millones de seguidores. Ahora, hay todo tipo de estilos de Hatha Yoga, que se concentran en diversos aspectos de esta sagrada práctica.

Usos Místicos del Yoga en el Pasado

Las prácticas chamánicas y el Sadhana Yoga se unen para crear la magia del yoga místico, en el que su mística interior sale a la luz. El objetivo de este estilo es revelar su verdadera esencia, el objetivo mismo de su existencia o, si lo prefiere, su Verdadera Voluntad.

Hay tres niveles muy distintos que el practicante de yoga místico necesitaba recordar en ese entonces. Estos niveles siguen siendo relevantes incluso en la actualidad. Primero, debe conocer la base de todo. Esta base comprende una rutina de posturas vitales conectadas con secuencias y respiración de transición. A continuación, debe conocer el nivel de modificación. En otras palabras, el practicante tendría que aprender a modificar las secuencias y posturas originales para que coincidan con su capacidad y comprensión. El nivel final implica la integración. El yoga místico siempre se ha basado en la experiencia personal del místico mientras viaja a la esencia de sí mismo. Con la integración, el místico puede personalizar mejor las rutinas que ha aprendido, dándole más significado a cada una.

Hay muchas rutinas implicadas en el yoga místico, desde el yoga shamánico, el yoga Hatha Flow, el yoga restaurativo y el yoga suave, hasta el yoga místico Vinyasa. No importa la rutina, el yoga místico siempre ha sido una práctica espiritual que habitualmente sigue esta secuencia:

1. Los nombres de las deidades y/o espíritus y energías conectadas se cantan para permitir que el Yogi místico o Yogini se conecte con su yo superior.

2. Las intenciones se establecen una vez que el yogui se da cuenta de su ser interior, por lo que la práctica se profundiza y opera en todos los niveles, obvios y sutiles.

3. Los ejercicios de respiración se realizan para crear un estado meditativo más profundo.

4. El practicante calienta con estiramientos suaves y fáciles, realizados mientras está de rodillas, sentado y de pie. También realizan saludos al sol.

5. Se inician las secuencias de pie y sentado.

6. El practicante realiza una serie de posturas en una secuencia de cierre que trabaja en cada chakra del cuerpo.

7. Luego, el practicante entra en relajación, usando la relajación progresiva de cada grupo de músculos y la autosugestión para liberar toda la energía bloqueada en el cuerpo, llevando la mente a un estado claro sin pensamientos, solo una simple conciencia de la nada del universo.

8. El Yogini se conecta con su interior al meditar con conceptos espirituales.

9. Finalmente, el practicante canta el nombre de la deidad o el espíritu de antes en agradecimiento, seguro de que su intención se ha cumplido.

El Yoga Según Aleister Crowley

Crowley ha escrito dos libros sobre yoga y las técnicas adecuadas de respiración. Su <u>Magick: Liber ABA</u> (Libro 4) y <u>Ocho Lecciones de Yoga</u> le dan al Mago (un practicante de Magia) muchos detalles para aprender la meditación y la respiración yóguica.

Primera Práctica

Para su primera práctica, Crowley sugiere que se concentre en su respiración y nada más. Dígase a sí mismo repetidamente, "la respiración fluye hacia adentro", mientras inhala, y mientras exhala, dígase a sí mismo, "la respiración fluye hacia afuera.

Mientras hace esto, querrá asegurarse de realizar un seguimiento de sus resultados. ¿Cuánto tiempo practicó? Debe asegurarse de haber practicado durante al menos 20 minutos. Observe cómo le fue con la concentración. Observe la frecuencia con la que rompió la concentración y observe qué tipo de distracciones lo alejaban de la respiración. Observe sus estados emocionales, físicos y mentales mientras se concentra en su respiración. Anote la fecha y la hora y cómo se sintió o percibió a sí mismo y al mundo que lo rodea después de haber terminado.

Crowley dice que cuando hace esto con diligencia, es muy posible que experimente Samadhi o iluminación, lo cual es el último de los ocho miembros de los Yoga-Sutras de Patanjali.

Segunda Práctica

Aquí hay una segunda práctica, como se explica en <u>Liber RV</u>, que involucra pranayama. Pranayama comprende las palabras sánscritas prana, que significa "vida", y *ayama*, que significa "extender" o "extraer". Pranayama se trata de controlar la respiración, que limpia los canales de energía sutil (*nadis*) en todo el cuerpo, y despierta el Kundalini (o *poder de la serpiente*) que se encuentra en la parte inferior de la columna vertebral.

El tipo de respiración que hará en esta práctica se conoce como *Nadi Suddhi pranayama, r Anuloma pranayama, o Nadi Shodhana pranayama,* o en español, respiración de las fosas nasales alternadas.

Pasos Para la Respiración de las Fosas Nasales Alternadas

1. Siéntese en una Asana. Con el pulgar izquierdo, cierre la fosa nasal derecha. Exhale lo más lento que pueda a través de la fosa nasal izquierda, hasta por 20 segundos. Luego inhale por esa misma fosa nasal durante 10 segundos.

2. Luego, cambie los pulgares, y esta vez cierre la fosa nasal izquierda. Respire por la fosa nasal derecha hasta por 20 segundos, y luego por 10 segundos.

3. Continúe alternando sus manos y haga esto durante una hora. Si recién está empezando, comience con 20 minutos y aumente con cada nueva sesión.

4. Finalmente, debe exhalar por 30 segundos e inhalar por 15 segundos.

5. Cuando le sea fácil respirar durante los tiempos mencionados en cada paso anterior (y ni un momento antes, advierte Crowley), exhale por 15 segundos, inhale por 15 segundos, y luego contenga la respiración durante 15 segundos. Continúe con esto hasta que pueda hacerlo fácilmente durante una hora.

6. Ahora, aumente el tiempo de exhalación a 40 segundos y el de inhalación a 20 segundos.

7. Una vez que este tiempo sea fácil para usted; exhale por 20 segundos, inhale por 10 segundos, y contenga la respiración durante 30 segundos.

8. Hacer cómodamente el paso 6 significa que está listo para técnicas más difíciles. Crowley escribe que debe llegar a ser competente en un ciclo con una proporción de 10:20:40 segundos, o 16:32:64, y más. Es crucial que se desarrolle gradualmente hasta alcanzar esos límites.

Crowley advierte que, si hay comida en su estómago, hará que su práctica sea más difícil, sin importar lo poco que haya. Por lo tanto, debe tener cuidado de comer antes de su práctica de pranayama.

Añade que no debe esforzarse demasiado porque no quiere quedarse sin aliento muy rápido o jadear por aire. Es importante mantener una respiración completa, profunda y regular. Necesitará un diario para anotar todas las cosas mágicas que experimenta mientras practica, así como para analizar sus resultados.

Cuando realiza el pranayama de la manera correcta, su cuerpo estará cubierto de sudor, muy diferente al que obtiene con el calor o el ejercicio. Puede frotar este sudor en su cuerpo para ganar fuerza. Su cuerpo también se pondrá rígido, automáticamente. Entonces tendrá movimientos espasmódicos de su cuerpo, de los que será consciente incluso en su inconsciencia. Puede parecer que no tiene peso y que una fuerza invisible lo mueve. Además, su cuerpo levitará y permanecerá suspendido desde un segundo hasta más de una hora.

Tercera Práctica

Considere esto como una variación caminante de la práctica previa de pranayama. Se conoce como Bhraman pranayama o "respiración al caminar".

Pasos para Respirar al Caminar

1. Mientras camina, inhale y exhale, profunda y completamente.

2. Cante un mantra en un ritmo que coincida con cada paso. Puede cantar *Om; Om mani padme hum; u Om Shanti, Shanti, Shanti.*

3. Comenzará el pranayama, pero usando ambas fosas nasales y sin contener la respiración. En lugar de respirar una cantidad específica de veces, respirará al mismo tiempo que sus pasos. Puede inhalar durante cuatro pasos, y luego exhalar durante otros cuatro.

4. Aumente el número de pasos por inhalación y exhalación a 6 cada uno, luego 6 cada uno, luego 12, luego 15, y luego 24 o más si puede.

5. A continuación, cambie para inhalar por 6 pasos y exhalar por 12. Luego puede pasar de las 6:12 a 8:16, y pasar a 12:24 o incluso más si puede.

6. Finalmente, agregue el Kumbhakam, que consiste en contener la respiración. Comience inhalando durante 4 pasos, manteniendo durante 4 pasos, luego exhalando por 4 pasos. Luego puede pasar a dos pasos por inhalación, 8 pasos por contención, 4 pasos por exhalación, y 8 pasos por contención. Puede aumentar las cantidades en una proporción de 1:4:2.

Cuarta Práctica

1. Comience el pranayama mientras camina de la tercera práctica. Encuentre su ritmo con sus pasos, respiración y mantra.

2. Vaya cada vez más rápido con sus pasos y su mantra hasta que su caminar se convierta en un baile.

Crowley aboga por usar el ritmo básico del vals para sus pasos (izquierda-derecha-izquierda, derecha-izquierda-derecha, etc.). Su mantra debe estar en tres tiempos. Si está dedicado a una deidad, puede convertir esta meditación en una forma de adoración. Sin embargo, Crowley señala que es mejor usar un mantra que describa una idea abstracta del Dios supremo.

Quinta Práctica

1. Comience con su pranayama mientras camina y adopte un ritmo agradable con su mantra, pasos y respiración. Permita que todo se convierta en un baile.

2. Ahora, deje que el baile sea libre de su voluntad. Hará esto entrando en un estado de trance, permitiendo que su espíritu fluya a través de su cuerpo danzante. Esto no es algo consciente. Sabrá cuando haya alcanzado este estado. Ocasionalmente podría ejercer su voluntad, pero con la práctica, aprenda a dejarla ir.

Los mismos fenómenos descritos para la segunda práctica de respiración de las fosas nasales alternadas podrían ocurrir nuevamente con esto.

Sexta Práctica

Esta práctica implica respirar de manera rápida y superficial. También puede incluir meditación en su chakra Vishuddha mientras canta su mantra "ham". Este chakra es el chakra de la garganta, que se relaciona con la autoexpresión y la comunicación. Actúa como un purificador. A través de este chakra fluye el amrita o "el elixir de la vida". Este elixir puede ser venenoso o conducir a la inmortalidad. Con esto abierto, se permite recibir sabiduría en abundancia. Cuando está cerrado, lo que sigue es la decadencia y la muerte.

1. Respire. Hágalo de la manera más rápida y superficial que pueda.

2. Póngase en una posición en la que estaría si hubiera exhalado con fuerza. Deje caer ligeramente la barbilla, acercándola a su pecho mientras empuja la lengua contra el paladar.

3. Debe respirar usando solo los músculos de la garganta.

4. Si lo desea, puede aumentar el período entre cada respiración.

5. Mientras hace esto, mantenga su atención en su chakra Vishuddha.

Séptima Práctica

Esta va al grano. Debe respirar lo más rápida y profundamente posible. Es casi lo mismo que la técnica de respiración Ujjayi, o "la respiración del océano", que a menudo se usa en las prácticas de yoga taoísta e hindú. Inhale tan profundamente como pueda, asegurándose que la parte inferior del abdomen esté llena, luego se elevan la caja torácica y la parte superior del pecho y la garganta. Es difícil lograr esto *demasiado rápido*.

Esta práctica es casi como la Respiración de Fuego, una técnica de Yogi Bhajan, un maestro de Kundalini Yoga. Necesita respirar tan rápido como pueda, bombeando nuestra respiración usando el poder de su vientre, adentro y afuera. Cuando sus pulmones se llenen de aire, expulse todo de inmediato. En el momento en que sus pulmones estén vacíos, fuerce la entrada de aire. Pronto, el ritmo se volverá algo automático. Use fuerza suficiente, pero no contraiga el diafragma.

Mens Sana in Corpore Sano

Mens sana in corpore sano es una frase en latín que simplemente significa "una mente sana en un cuerpo sano". Como practicante de magia, debe cuidar su salud con celo. Esto se debe a que su cuerpo y mente son herramientas que utiliza para descubrir y expresar su Voluntad.

Usted no es su cuerpo, ni tampoco es su mente. Sin embargo, su estado de conciencia es a menudo lo que determina su condición física. En otras palabras, debe estar consciente de los pensamientos que ocurren en su mente porque esas imágenes afectan la salud de su cuerpo. El Mago debe guardar siempre su energía, asegurándose de meditar y de buscar continuamente formas de mantenerse en contacto con lo divino. A medida que practica yoga y meditación a diario, mantiene su mente y cuerpo en un estado óptimo que le permite cumplir su máximo objetivo: su Verdadera Voluntad.

Capítulo Cinco: Técnicas Mágicas de Viaje Astral

Hay mucho más en el mundo de lo que puede percibir actualmente. Sugerir que todo lo que hay en la vida es lo físico no solo es negación, sino pura tontería, y el Mago practicante lo sabe. El escéptico más incrédulo pronto cambiaría de opinión si tuviera una experiencia extracorporal, lo que quiero decir en un sentido muy literal. Esta práctica también se conoce como *proyección astral.*

¿Qué es la Proyección Astral?

La proyección astral, también percibida como un viaje astral, es el acto de dejar deliberadamente su cuerpo o trasladar su conciencia desde lo físico hacia otros ámbitos. Esto plantea la pregunta, ¿qué, exactamente, está dejando el cuerpo? Y también podría preguntarse, ¿dónde esta cosa deja el cuerpo?

Usted no es su mente y no es su cuerpo. Es pura conciencia o alma. Cuando viaja por el plano astral, lo que hace es desviar su consciencia fuera del plano físico hacia el plano astral. Puede pensar en su conciencia como su cuerpo astral, que asume la construcción de su cuerpo físico, o cualquier otra cosa que encuentre para tomar en el plano astral.

Resista la tentación de pensar que todo esto es una tontería. Gracias al trabajo de científicos y mentes curiosas como Robert Muldoon, ahora se sabe más sobre el tema de los viajes astrales. No es mera ficción. De hecho, es real.

La proyección astral es una práctica antigua y atraviesa muchas culturas. Tenemos que agradecer a los teósofos del siglo 19 por el término "proyección astral". Este fenómeno ocurre a menudo con la meditación constante y con los sueños lúcidos. Hay quienes han logrado realizar viajes astrales practicando la autohipnosis o usando sustancias alucinógenas. Hay científicos que clasifican la proyección astral como nada más que pseudociencia, pero es simplemente su ignorancia deliberada y arrogancia lo que les impide explorar un mundo muy real y rico que existe. Quizás les moleste percibir que hay cosas que no se pueden medir con sus herramientas físicas.

Por Qué Debería Aprender a Proyectarse Astralmente

Para practicar correctamente la magia, debe ser muy consciente de quién es. Esto significa que debe ir más allá de conocer a la persona física que está sentada en este momento, leyendo este libro. Debe conocer todos los aspectos de sí mismo, porque solo entonces podrá realmente tener el control de su vida. Con la proyección astral, es cada vez más fácil crear una vida en concordancia con su Verdadera Voluntad.

La proyección astral es una excelente herramienta para fomentar su crecimiento espiritual, y la expansión de su conocimiento o consciencia. Le permite trabajar en su Verdadera Voluntad desde un plano superior (o el plano de la causa), que afecta al plano físico. Con la proyección astral, aprenderá los secretos del universo y las claves que le permitirán vivir una vida actualizada. Le otorga una visión interior, quitando el velo para que pueda ver los mundos más allá de este y adquirir conocimientos que le harán avanzar rápidamente en todos los aspectos de la vida.

Si bien hay muchas personas que piensan que la proyección astral es una farsa, sería inmensamente beneficioso para ellos experimentarla incluso una vez. Si hay algo que la mayoría de los proyectores astrales le dirán, es que han perdido el miedo a la muerte. Entienden que todo lo que existe es conciencia, por lo que la muerte y la descomposición del cuerpo físico no significa la conclusión de toda la vida. Para verlo lógicamente, si la vida pudiera "terminar" o ser "quitada", ¿es acaso verdadera *vida*? La proyección astral le permite deshacerse de todas las ideas equivocadas sobre la fragilidad de la raza humana y abrazar su inmortalidad.

Otro argumento para hacer de la práctica de la proyección astral una constante en su vida es que es inmensamente útil para aprender sobre sus vidas pasadas, lo que puede brindar una visión increíble de su Verdadera Voluntad en su encarnación actual. En el viaje astral, tiene acceso a los registros akáshicos, que le permiten ver el pasado, el presente e incluso los futuros posibles con tanta claridad como ve las palabras en esta página.

El Mago sabe que la proyección astral es muy importante para trabajar en los planos internos. Esto es particularmente para servir a aquellos que urgentemente necesitan sanación, ayudar a aquellos que están muriendo a encontrar la paz en la "vida después de la muerte", y ser un faro de unidad y amor para todos los demás en niveles superiores, y así sucesivamente.

Si espera acudir a seres de otro mundo, ya sea personas que han fallecido, ángeles, espíritus u otras entidades, entonces puede hacerlo fácilmente a través del viaje astral. También puede visitar cualquier lugar que desee en la Tierra e incluso en mundos más allá. Puede ver amigos e incluso ir a lugares que algunos ejércitos no le permitirían visitar... las aplicaciones de la proyección astral son ilimitadas.

Mientras estudia magia, comprenda que es su deber descubrir los aspectos de usted que aún no ha descubierto. Debe hacer consciente lo que yace inconsciente dentro de usted. El resumen del asunto es el siguiente: para llegar a ser mejor de lo que es, acepte que es más grande de lo que cree que es. Está más allá de lo físico. Usted es conciencia. Y la conciencia es todo, demasiado vasta para ser contenida por una etiqueta, un nombre o un cuerpo.

El Cuerpo Astral

No estaría muy lejos de pensar en el cuerpo astral como un vehículo a través del cual viaja por el plano astral. El Mago con visión clarividente puede percibirlo como un aura rica en colores y hacer materia de una densidad considerablemente más nítida y fina que el cuerpo físico. El cuerpo astral permite que los deseos, emociones, pasiones y sentimientos se expresen y transmitan entre su cuerpo y su mente, siendo esta última un vehículo considerablemente más nítido que su cuerpo.

Todo el mundo tiene un cuerpo astral, pero muy pocas personas saben que existe, e incluso menos pueden mantenerlo completamente bajo su control con la plenitud de su conciencia. Entonces se convierte en el Mago capaz de mantener el cuerpo astral bajo su control, desarrollándolo y usándolo, para que pueda cosechar los beneficios de los muchos poderes que le han conferido.

Todos se proyectan astralmente, lo recuerden o no. El maestro proyector astral ha aprendido a trasladar su cuerpo astral a voluntad a donde sea que quiera ir. Sin embargo, otros a menudo se encuentran en un sueño vago y apenas recordado debido a lo primitivos y subdesarrollados que son sus cuerpos astrales. Se despiertan del sueño, sin tener idea de dónde han estado, qué han hecho, y a quién han conocido.

Cuando haya desarrollado su cuerpo astral a través de la práctica constante de viajes astrales, estará involucrado en actividades con significado e interesantes. No pierde tiempo para dormir porque sigue siendo muy productivo mientras se traslada por el plano astral en su cuerpo astral. Sus días ya no son aburridos ni poco interesantes, y sus noches ya no se pierden en el olvido. Se convierte en el mago real y actualizado que vive en un ciclo continuo e ininterrumpido de conciencia.

El cuerpo astral puede viajar grandes distancias en tan solo un momento. Se podría decir que se mueve a la velocidad del pensamiento. Podría estar en el otro extremo de la Tierra o del Universo en un instante.

Todas las emociones y sentimientos están dentro de su cuerpo astral. Debe aprender a interpretar lo que conforma ese cuerpo, ya que esta es la clave para desbloquear los aspectos de su psique que se han mantenido ocultos de usted hasta este momento. No hay mejor manera de comprender este aspecto de sí mismo que practicar la proyección astral, y perfeccionar sus habilidades para que no solo pueda viajar y explorar, sino también recordar cada experiencia cuando se despierte y tome conciencia en el reino físico.

La Qabalah y el Árbol de la Vida

El Árbol de la Vida es una herramienta muy útil que le ayuda a organizar un conjunto de conceptos místicos.

Está formado por 10 esferas, también conocidas como emanaciones o sefirot (singular, sefira). Todas están conectadas entre sí por 22 caminos. Los planetas se utilizan para simbolizar los sefirot, mientras que los caminos están representados por el alfabeto hebreo y se dividen en los cuatro elementos clásicos, los doce signos del zodíaco y los siete planetas clásicos. En la magia occidental, el Árbol se usa como un sistema de clasificación, y a cada camino y sefira se le asigna una idea, ya sea que esa forma sea una carta del Tarot, un elemento, un signo, un dios, entre otras cosas.

En cuanto a Crowley, es fundamental que el mago comprenda el Árbol de la Vida. Como lo escribe en Makgia Sin Lágrimas: *"El Árbol de la Vida debe aprenderse de memoria; debe conocerlo al revés, al derecho, hacia los lados y dado vuelta; debe convertirse en el trasfondo automático de todo su pensamiento. Debe seguir colgando todo lo que se encuentra en su camino en su rama adecuada"*.

Al igual que el yoga, la necesidad de aprender acerca del Árbol de la Vida no se trata solo de magia. Se trata de poder conocer, por dentro y por fuera, su plan espiritual. Puede usar el Árbol para averiguar dónde desea viajar astralmente, decidir qué dios desea invocar, etc.

Métodos de Proyección Astral

Hay varios métodos para que usted saque su cuerpo astral y lo lleve al plano astral. Algunas personas logran esto a través de sueños lúcidos, donde se dan cuenta de que están soñando y luego se proyectan fuera de sus sueños hacia el plano astral. Otros usan drogas para lograr la proyección astral, aunque debo advertirle que haría bien en mantenerse alejado de ese camino. Es importante para usted mantenerse completamente a cargo de sus facultades y no bajo la influencia de sustancias que puedan alejarlo de su experiencia o llevarlo por caminos no deseados.

Dicho esto, veremos los métodos que puede usar para comenzar la proyección astral de la manera correcta, pero primero, veremos los preparativos que necesita hacer para aprender a hacer viajes astrales.

Recuerdo de Sueños

Para que sea un proyector astral exitoso, necesita mejorar el recuerdo de sus sueños. Para la mayoría de las personas, cuando se despiertan en la mañana, olvidan rápidamente la mayoría de los detalles de sus sueños, si no todos. Quizás puede identificarse con ello.

Para aumentar su recuerdo de sueños, lo primero que debe hacer es tener la intención de recordar sus sueños cada noche cuando se acuesta. Si a menudo se despierta para ir al baño durante la noche, puede poner esa intención de invocar sus sueños cada vez. Podría decirse mentalmente o en voz alta, "recordaré todos mis sueños esta noche", luego vaya a la cama sabiendo que lo hará. Haga esto noche tras noche, y su memoria mejorará.

Otra cosa que definitivamente debe hacer es obtener un diario para sus sueños. El mismo acto de escribir sus sueños hace dos cosas esenciales: primero, le dice a su mente subconsciente que recordar sus sueños es significativo para usted ahora, por lo que debe hacer todo lo posible para ayudarlo a retener esas memorias. A continuación, le ayuda a ver que surge un patrón en sus sueños, de modo que la próxima vez que esté soñando, sea más probable que tenga en cuenta que todo es un sueño cuando ocurren cosas "ilógicas"... como un hombre en una nube de algodón de azúcar en el cielo diciendo que la temperatura es un bonito unicornio verde.

Habitualmente, cuando sueña, las cosas sin sentido como el ejemplo anterior no hacen una gran cosa en su mente. En la vida real podría detenerse y pensar, "¿qué está sucediendo? ¿Por qué hay un hombre en el cielo? ¿Cómo está montando una nube? ¿Cómo es que la nube es de algodón de azúcar? ¿Qué tipo de temperatura es un bonito unicornio verde?". En su sueño, no se molestaría porque sus habilidades de pensamiento crítico se han ido a dormir en usted.

Entonces, a medida que anote sus sueños en su diario, se dará cuenta de la irracionalidad de todo, y la próxima vez que algo extraño suceda en un sueño, será más probable que se vuelva lúcido. Mientras más lúcido se vuelva, más podrá recordar, y mientras mejor sea su recuerdo de sueños, más altas serán sus probabilidades de lograr viajes astrales.

Técnicas de Proyección Astral

Técnica #1: Transferencia de Consciencia. Asegúrese de estar en su espacio tranquilo, solo, para que nadie lo pueda molestar. Vístase cómodamente y asegúrese de que la habitación esté a una temperatura en que no sienta demasiado calor o demasiado frío. Ahora, siéntese o acuéstese en una posición cómoda en la cual pueda permanecer relajado durante una hora. Ajuste lo que sea necesario inmediatamente, para que no tenga que hacer ajustes que lo saquen de su estado alterado más adelante.

Ahora, cierre los ojos y respire profundamente, permitiendo que toda la tensión física, emociones, pensamientos e intenciones negativos se esfumen con cada respiración. Si esta es su primera vez, es posible que necesite aproximadamente diez o veinte minutos para hacer una exploración corporal. Comience desde la parte superior de su cabeza hasta las plantas de los pies, relajando progresivamente cada parte del cuerpo e imaginando una onda cálida y suave de relajación que deshace todos los nudos en su cuerpo. No apresure este proceso.

Cuando se sienta bien relajado y en paz, ahora puede contar de diez a uno o cantar un mantra durante todo el tiempo que necesite hasta que entre en un estado de conciencia alterada. No se preocupe por necesitar que el estado sea profundo. Con el tiempo descubrirá que *cuanto más ligero, mejor.*

Ahora es momento de construir su cuerpo astral o cuerpo de luz. Conozca la forma que desea que asuma. Puede mantenerlo simple y dejar que adopte la misma forma que su cuerpo físico. Imagine que este cuerpo se arma poco a poco, a pocos metros de donde descansa su cuerpo físico.

A continuación, debe proyectar en este cuerpo de luz su energía mental y la energía que saca desde el cielo o la tierra. De esta forma, su energía no se agota, y puede usar la energía abundante en la naturaleza para crear lo que desee. Todo lo que debe hacer es conectarse mentalmente con la tierra o el cielo y luego ver esa corriente de energía moviéndose de cualquiera de aquellos dos hacia el cuerpo de luz que está cargando. Olvídese de las obstrucciones como el techo, las murallas o el suelo, ya que ellos no pueden interponerse en el camino de la energía divina. Si no puede dejar de distraerse con ellos, puede crear un agujero en el techo, muralla o suelo en el ojo de su mente y ver la energía a través de él. Con el tiempo, se dará cuenta de que esto no es necesario. No se sorprenda al darse cuenta de que el concepto de tiempo ha perdido todo significado. Permita que el proceso tenga lugar sin preocupaciones sobre el tiempo.

Cuando su cuerpo de luz se ha vuelto estable y sólido para usted, asígnele mentalmente su deber. Usted es responsable por ese cuerpo, y debe desmantelar ese cuerpo cuando haya logrado su propósito para que no lo siga hasta drenarse o cause problemas para otros viajeros astrales.

Dígale al cuerpo de luz lo que quiere que haga. No utilice lenguaje florido. Sea tan directo y literal como pueda ser, y acompañe las palabras de poder con imágenes en su mente respecto a lo que espera que logre. Después de hacer esto, es hora de mover su conciencia al cuerpo de luz. Traslade su conciencia de su cuerpo físico a su cuerpo de luz. No haga esto literalmente saliendo de su cuerpo; simplemente imagine que está mirando a través de los ojos de su cuerpo de luz y sintiéndose como si estuviera donde se encuentra. Mantenga su atención allí durante el mayor tiempo posible.

No intente moverse de ese lugar. Simplemente permita que su conciencia vea alrededor de la habitación desde ese lugar. Si se mueve antes de estar listo, volverá al plano físico y tendrá que empezar el proceso nuevamente. Una vez que su conciencia esté estable, puede llevar su cuerpo de luz a cualquier lugar. No tiene que caminar por una puerta o moverse a través del techo o las murallas. Puede *querer* ir a cualquier lugar, y allí estará.

Cuando termine de explorar, regrese donde armó el cuerpo de luz, luego permita que su conciencia regrese a su cuerpo físico, simplemente queriéndola de vuelta en su mente. Desmantele su cuerpo de luz imaginando que se disipa en la nada, o puede imaginar que el cuerpo de luz se reabsorbe en el suyo para que retenga toda su energía y tenga un recuerdo aún mejor de todo lo que hizo.

Técnica #2: Viajar por Meditación. Encuentre un lugar tranquilo donde no lo molesten y donde no tenga que preocuparse de que alguien se le aproxime. Esta preocupación puede obstaculizar su habilidad para relajarse. La tranquilidad es algo muy importante de practicar de manera exitosa, especialmente para un principiante. Con el tiempo, puede proyectarse sin importar el ruido circundante.

Asegúrese de que su cuerpo esté agradable y cálido cuando haga proyección astral. Si está muy frío, no puede permanecer en su estado meditativo a menos que sea un practicante avanzado. Cúbrase con un afgano o algo y use ropa suelta o permanezca desnudo debajo de las colchas. Puede sentarse o acostarse. Si está sentado, mantenga su espalda derecha para permitir el flujo de energía. Si está acostado, asegúrese de practicar en un momento en que no se quedará dormido, para que se pueda proyectar. Sea capaz de continuar en esta posición por al menos una hora sin sentirse incómodo.

Cierre sus ojos, respire lenta y profundamente, y exhale toda la tensión y el estrés de su cuerpo. Haga una lenta exploración de su cuerpo y deshágase de toda la presión imaginando una onda de relajación que desarma esos nudos. Relaje progresivamente todo el cuerpo desde la cabeza a los dedos de los pies.

Una vez que esté totalmente relajado, ingrese en su estado de conciencia alterada contando de diez a uno usando la técnica de visualización que cubrimos en el capítulo anterior. Vaya tan profundo como se sienta natural para usted, y haga lo mejor para que pueda evitar que su mente vague en cosas mundanas. Si no lo hace, simplemente se quedará dormido. Puede evitar esto diciendo un mantra o una palabra repetidamente mientras imagina un objeto tan simple como un cuadrado o un triángulo o cualquier figura que quiera. De esta manera, su mente tiene algo en qué enfocarse.

Cuando su cuerpo se adormezca, resista la tentación de moverse o contraerse o flexionar cualquier cosa. Observe la sensación o ganas de hacerlo y luego libérela. Permita que su mente vaya a la deriva buscando profundidad: ninguna visión ni ningún sonido importa. Este es el punto en que sentirá un sentido de balanceo en el interior o donde verá muchas luces de colores en la pantalla del interior de sus ojos. No intente forzarse a dejar su cuerpo. Simplemente permita que su conciencia se separe de su cuerpo cuando esté lista. Su único trabajo es estar tan separado de todo como sea posible, manteniendo el control de toda la experiencia con una voluntad sin esfuerzo.

Pronto ocurrirá que podrá ver la habitación alrededor suyo, o que podrá ver otro ambiente alrededor suyo. Esto significa que se ha proyectado astralmente. Permanezca allí por un momento y tome notas mentales de todo lo que puede ver y escuchar, para que más adelante pueda revisar su veracidad. Cuando se mueva, solo para encontrarse de vuelta en su cuerpo, simplemente dirija su conciencia de vuelta al lugar donde estaba. No intente ir a otro lugar por ahora. Permita que vuelva donde sabe. Es posible que necesite algunas sesiones más para obtener la habilidad de llevar su cuerpo astral a cualquier otro lugar. Solo dele tiempo.

¿Listo para terminar su proyección? Mueva su conciencia a su cuerpo físico volviéndose consciente de él. Cuente hacia adelante de uno a diez, retornando gradualmente a la conciencia normal. Lentamente permítase volverse consciente del cuerpo, sintiendo su cabeza, cuello, pecho, vientre, muslos, pantorrillas y pies. Suavemente flexione sus pies y manos mientras abre sus ojos, de manera agradable y lenta. No se ponga de pie demasiado rápido. Dese tiempo para acostumbrarse a lo físico.

Recuerde: debe tomar nota de sus experiencias. Observe lo que funcionó, lo que salió mal, y lo que puede ajustar durante su próxima sesión.

Capítulo Seis: Construyendo Su Espacio Sagrado

Si realmente tiene la intención de practicar la magia, debe crear un espacio sagrado dedicado a su práctica. Tener este espacio lo prepara para trasladarse a un estado mental que le permite expresar el poder dentro de usted. Sabe que cuándo está ahí debe despejar su mente y permitir que lo divino llegue a usted.

Su Altar

Piense en su altar como un espacio de trabajo sagrado, donde realiza sus rituales mágicos. El altar también es donde mantiene todas las herramientas que necesita para su práctica de magia, y todas las cosas que representan el propósito o el tema de los rituales que realiza. La mayoría de las ceremonias religiosas, mágicas y espirituales involucran el uso de altares. Los humanos siempre han creado altares para sus ceremonias religiosas y espirituales, a través de religiones y culturas, ya sea un montón de ladrillos, una mesa ubicada en el centro de su habitación, o en una esquina.

Puede escoger un altar que sea práctico y simple, o uno que sea extravagante y una vista encantadora. Al final del día, su altar, que es una mesa o una plataforma, es el lugar que trata con el mayor honor, devoción y respeto. No permite que nada ni nadie lo profane. Puede colocar objetos funcionales y simbólicos, que representan a las deidades y espíritus que honra. En su altar, usted medita, canta, dice sus oraciones, hace sus hechizos, y hace cualquier otro ritual que deba.

Cuando mantiene el altar sagrado y puro, básicamente mantiene una puerta abierta para las energías con las que trabaja para que vengan y se concentren en esa área, trabajando con usted mientras establece sus intenciones, realiza sus rituales, o celebra sus manifestaciones.

Encontrará que el altar es de muchos beneficios para usted para expresar gratitud por sus bendiciones, explorar su lado creativo, buscar orientación, fomentar el crecimiento espiritual, y yendo a una exploración cada vez más profunda de su verdadero yo.

Puede preguntarse si es necesario un altar para su práctica. Primero, debe responder algunas preguntas acerca de la magia. ¿Es algo en lo que está genuinamente interesado? ¿Encuentra que habitualmente realiza sus rituales en una habitación o área específica? ¿Encuentra que sus decoraciones cambian junto con las estaciones? Si su respuesta a tan solo una de esas preguntas es sí, entonces encontrará que tener un altar será un enorme beneficio para usted. Sin embargo, no es necesario tener uno. Al final, es su elección. Usted sabe dentro de sí mismo si debe tener un altar.

Creando Su Altar

Primero debe decidir la ubicación del altar. ¿Dónde quiere que esté? Idealmente, debe ser en parte de su hogar donde no lo molesten, ya sea en el interior o al aire libre. También debe considerar el tipo de superficie que pretende usar y dónde sería más ideal practicar su trabajo mágico en el espacio escogido.

La ubicación del altar también puede depender de la intención principal detrás de sus rituales mágicos. Por ejemplo, si está trabajando con Afrodita, la diosa del amor, puede que le resulte mejor instalar su altar en su baño o en su dormitorio. Si está trabajando con deidades o espíritus de abundancia, entonces tendría sentido colocar el altar en el comedor o en la cocina, como una representación simbólica de banquete, abundancia, calidez, seguridad, y todo lo demás relacionado con sus intenciones.

No es necesario utilizar ningún tipo de material super elegante para que sirva de superficie. Ya sea una mesa de plástico, una losa de concreto, una tabla de madera o lo que sea, solo desea que esté en algún lugar; no será molestada. Preste especial atención cuando limpie el espacio donde estará su altar, para deshacerse de la energía negativa o vieja y estancada antes de que todo esté listo. Puede quemar salvia mientras canta un mantra para limpiar la energía no deseada.

Luego, debe pensar en lo que va en su altar. Para empezar, si lo desea, puede colocar un mantel sobre su altar. Esto se lo aclara a su mente y a todas las energías presentes que este espacio está designado para trabajo sagrado. También puede aprovechar la magia del color eligiendo un color que represente su intención y la potencie. Si su ritual mágico es por amor, intente con un rojo intenso. Si es por abundancia, vea cómo funciona el verde para potenciar su ritual. Si busca tranquilidad, intente un agradable azul relajante. Para un mayor crecimiento y conocimiento espiritual, busque lavanda o púrpura.

Además del mantel del altar, necesitará objetos que representen los cuatro elementos y/o las cuatro direcciones. El uso de velas encendidas representará el fuego y el sur; usar un cuenco de agua representará el oeste y el elemento agua; las plumas pueden representar el aire y el este, mientras que un cuenco de sal (o Tierra) representará el norte, y el elemento Tierra. Puede elegir otros efectos para representar esas cosas; recuerde que su práctica es personal. Siga su intuición, y no se equivocará.

Otro objeto que necesitará es una representación de la deidad o espíritu con el que trabajará. Las velas negras se utilizan para trabajar con la energía del Dios, mientras que las velas blancas se utilizan para trabajar con la energía de la Diosa. También puede usar estatuas, símbolos, imágenes o cualquier cosa que sienta intuitivamente que es más representativa de la deidad.

Utilice cristales y piedras especiales para potenciar su magia y amplificar su intención. Diferentes cristales tienen diferentes propósitos, así que elija algo que sirva a su intención y aumente el éxito de su trabajo mágico. Para llevar las cosas a un nivel superior, considere encender incienso y hacer uso de aceites esenciales. Estos le ayudarán a crear el ambiente para su trabajo mágico, y harán que esté más conectado al trabajar con su sentido del olfato. También son muy eficaces limpiando malas energías.

Finalmente, necesitará su diario, un grimorio o un libro de sombras. En este libro, tendrá registros de todos sus rituales, hechizos, recetas, eventos lunares y notas sobre sus experiencias o conocimientos que recibió durante o después de realizar su ritual. Coloque su diario en su altar, para que sea fácil de usar y su intención sea muy clara solo para la magia.

Si está trabajando con una deidad, o espíritu, o dios, o el alma de un difunto querido, entonces debe tener objetos que los representen en el altar. Haga la investigación adecuada para saber cuáles son los mejores símbolos para usar y para que sus rituales se sientan muy auténticos para usted.

Cuidado de Su Altar

Cada día, debe asegurarse de trabajar en su altar, o al menos de trabajar alrededor de él. Encienda las velas. ¿Tiene flores allí? Cámbielas tan pronto como mueran y mantenga el agua fresca. Asegúrese que todo permanezca en su lugar. Trátelo como lo haría con una deidad sagrada viva. A menudo invoca mucha energía de su altar, por lo que debe asegurarse de que siempre sea lo correcto y que tampoco lo ignore.

Siempre que invoque una deidad, es por su mejor interés hacer algo que les muestre su gratitud. Puede presentarles una ofrenda de la naturaleza, o puede hornear algo que esté hecho con hierbas con las que resuene la deidad. Si no puede hacer eso, puede sentarse durante unos minutos, simplemente diciendo "gracias" repetidamente, y sentir que el aprecio por ellos lo invade.

Limpiando el Espacio de Su Altar

Su altar le dará una forma de enfoque, para que pueda canalizar sus intenciones espirituales de la manera más pura posible. Le permite hacer sus oraciones y afirmaciones con un sentido de claridad y con energía limpia y potente. Debe ser el lugar al que acude cuando necesite recargarse, recalibrarse, y conectarse nuevamente a tierra. Por lo tanto, es muy importante que consagre el espacio que escogió y lo santifique.

Para limpiar la zona, primero debe barrerla, una vez que esté limpia y agradable, puede empezar el proceso del sahumerio. Un sahumerio implica quemar una hierba con propiedades limpiadoras. La favorita de todas las hierbas para la limpieza es la salvia. En el proceso de vivir la vida cada día, la energía puede acumularse y estancarse, y esta energía estancada no le sirve de nada cuando está practicando sus rituales mágicos. El sahumerio es una ceremonia muy antigua en la que se queman plantas como el tabaco, la salvia y la hierba dulce. Este humo se deshace de todos los iones negativos en el espacio, y luego permite que las bendiciones fluyan por el entorno para que las cosas puedan volverse nuevas y dinámicas nuevamente. Hacer un sahumerio es simplemente reiniciar y revitalizar su espacio. Es un proceso que incluso elimina cualquier bacteria que pueda estar en el aire.

Para hacer un sahumerio en su espacio sagrado, necesitará salvia. Esta simboliza el elemento tierra. Cuando se quema, su humo simboliza el elemento aire. También necesitará una concha de abulón para colocar la salvia o cualquier otra planta sagrada con la que trabaje, para que la pueda quemar de manera segura. La concha de abulón representa el elemento agua. Si no tiene acceso a una concha, simplemente puede sostener el palito para el sahumerio con sus dedos.

Obviamente debe tener una caja de fósforos o un encendedor. Esto representará el elemento fuego. Se necesitará una pluma para representar el elemento aire. Cuando no tenga una pluma, simplemente puede agitar su palito, permitiendo que el humo represente el elemento aire.

Ayuda tener tambores sagrados o música de percusión sagrada, que representará el latido del corazón. Si no tiene acceso a música de batería o a una batería, puede simplemente dejar claras sus intenciones sobre los latidos de su corazón, y luego imaginar que hay tambores sonando. Debe confiar en la magia para que cree los sonidos para usted.

Qué Hacer Cuando No Hay Una Habitación

Puede que viva en una casa donde apenas hay espacio suficiente para tener un altar, o hay demasiadas personas en cada habitación, y eso simplemente significa que no tendrá privacidad. Si la primera situación es su caso, entonces no se preocupe por tener un espacio dedicado para realizar su magia. Esto puede ser una ventaja para usted.

Incluso si el único espacio que tiene para usted ahora es su cama, puede hacer del proceso de limpiar las energías y preparar todas sus herramientas mágicas una parte de su ritual. Piense en ello como si fuera preparar su mente para enfrentar lo místico, incluso mientras prepara su cama para lo mismo. Si le preocupa usar su cama, especialmente cuando usa velas, simplemente puede limpiar un buen lugar en el piso y luego colocar sus herramientas allí.

Si vive en una casa con demasiada gente, considere realizar sus rituales durante la noche cuando todos los demás se hayan acostado. También puede simplemente encontrar un lugar adecuado al aire libre para instalar su altar y comenzar sus rituales mágicos.

Si no tiene otras opciones, recuerde que la magia es mágica. No está limitada por la presencia o ausencia de un altar. También puede realizar sus rituales y hacer sus meditaciones. Si siente que tener un altar lo preparará, entonces puede imaginar que el lugar donde se encuentra es territorio sagrado, porque realmente lo es. También puede aferrarse a un objeto, como un cristal o una piedra, y permitir que eso sea lo que usa para centrarse y conectarse para poder trabajar con las energías que necesita mientras hace su magia.

La magia que no funciona sin la presencia de todas estas herramientas y altares no es magia en primer lugar. El propósito que estas cosas sirven es ayudarlo a ponerlo en un estado mental donde puede concentrarse fácilmente en sus intenciones. Mientras más practique, particularmente la meditación, más se dará cuenta de que donde sea que esté en el momento es espacio sagrado. Lo divino no está limitado por lo físico. Recuerde eso.

Capítulo Siete: Las Herramientas del Oficio

Hay ciertos objetos que, si bien no son necesarios, pueden ayudar al practicante de magia. Cuando prepare su práctica, comience con los objetos que históricamente han demostrado ser muy efectivos para otros que comenzaron su viaje mágico antes que usted. Luego, ajuste según sea necesario, a medida que encuentre una filosofía mágica que se adapte a su personalidad y estilo de vida. Trate de recordar que no existe una forma correcta o incorrecta de realizar su práctica mágica. Simplemente acepte lo que siente en su alma para que sea perfecto para usted.

Esté abierto a experimentar con otras herramientas, consigo mismo, o con otros que comparten el amor y la comprensión de la magia.

Las herramientas mágicas a menudo se corresponden con los cuatro elementos y las cuatro direcciones.

- **El Norte/La Tierra:** Representado por el Pentáculo y la Sal. Significa "Saber".

- **El Sur/Fuego**: Representado por la Espada y la Vela. Significa "Atreverse".

- **El Este/Aire:** Representado por la Varita y el Incienso. Significa "Querer".

- **El Oeste/Agua:** Representado por el Cáliz y el Caldero. Significa "Mantener el Silencio".

Ahora, hundamos nuestros dientes en las herramientas del oficio mágico.

El Altar: Ya hemos discutido esto. Es donde realiza la mayoría de su trabajo mágico. En el altar, habitualmente hay una representación de los cuatro elementos y las cuatro direcciones También puede encontrar imágenes de ancestros, representaciones de seres espirituales en forma de estatua o pintura, un pebetero para quemar incienso, un cuenco de ofrendas, cristales, piedras, amuletos, y todo lo que sea importante para el Mago.

El Athame: Esta es una espada ceremonial que habitualmente tiene un mango negro. Se remonta al grimorio de la Edad Media conocido como la Llave de Salomón. También verá una mención en las obras de 1950 de Gerald Gardner. El *athame* es para canalizar y dirigir energías más poderosas, que son básicamente fuego etérico. Generalmente, la hoja se deja sin afilar y tendrá algo de hierro para mantener alejadas a todas las entidades malignas durante un ritual.

Está conectado al elemento fuego debido al calor de la forja. Hay tradiciones que insisten que el athame es del elemento aire. Sin embargo, aún es una herramienta poderosa que puede usar para hacer que los espíritus o elementos hagan su voluntad, ya que también connota un aire de amenaza cuando la maneja durante un ritual.

La Campana: Esta campana es una gran herramienta para eliminar toda la energía negativa en un espacio o alrededor de un objeto o persona. También funciona para preparar la mente, poniéndola en el espacio mental para los rituales mágicos que están a punto de tener lugar. Lo mismo se puede decir de cualquier instrumento musical utilizado durante un ritual. Cuando suena la campana, capta la atención de entidades divinas útiles para fortalecer su intención y ayudarla a que se lleve a cabo.

La Escoba: Esta es una escoba, históricamente conocida como escoba de bruja. Puede ser una fuente de inspiración o terror. Las viejas Brujas inventaban pociones voladoras utilizando los ingredientes alucinatorios más peligrosos, y alzaban el vuelo bajo la influencia de sus pociones mágicas en sus escobas. La escoba es una herramienta y un símbolo de limpieza, física y mental, y se usa para purificar el espacio sagrado para su ritual. Si la pone sobre la puerta de su nueva casa, mantendrá alejadas todas las entidades negativas y toda la mala suerte. Sin embargo, cuando se mude a una casa diferente, debe tener una escoba nueva. No lleve la vieja con usted.

El Libro de las Sombras: Este es un libro que ha sido hecho a mano y está lleno de todas las recetas, hechizos, rituales y conocimientos místicos de un aquelarre de brujas o de un practicante de magia en solitario.

El Bolino: Esta herramienta tiene un mango blanco, y también es una de las favoritas de las brujas y los jardineros. Tiene estrías en la hoja interior que son muy útiles para hacer varitas. El borde exterior afilado hace un gran trabajo al cortar plantas y partirlas en trozos.

El Cáliz: Este recipiente contiene energía espiritual y generalmente contiene vino en su interior. Cuando el practicante ofrece a un invitado beber de este vino, es una invitación simbólica a participar en las bendiciones que se derivan del ritual. En wicca, el athame masculino se inserta dentro del cáliz femenino para simbolizar las relaciones sexuales, o el "Gran Rito". Esto es balancear lo masculino y lo femenino y la energía de la procreación y regeneración.

Las Velas: Estas son perfectas para darle una buena carga a su trabajo mágico. Históricamente, la llama se considera una chispa de fuerza vital o fuente de energía. Simboliza la divinidad de la comunicación y es el elemento fuego en sí mismo, que produce el cambio espiritual y físico. La vela es su energía vital y su poder mental extendido, lo que le permite proyectar su voluntad en el universo y en sus guías espirituales para que se manifieste.

El Caldero: Históricamente, el caldero era una olla de hierro fundido que nuestros antepasados usaban para cocinar. En algunas partes del mundo, aún se usa el caldero para cocinar. Esta es una herramienta mágica muy crucial. Al realizar rituales de adivinación, rituales de quema que provocan transformación, y al dirigir nuestra voluntad hacia intenciones específicas, el caldero representa todos los elementos. Su forma redonda es una representación de la tierra o la madre naturaleza. Sus tres patas representan el agua, como la doncella, o la madre anciana, o las fases de la luna. El fuego debajo de él es venerado por su poder transformador, y el humo o vapor que se eleva del caldero representa el elemento aire.

El Pebetero: Aquí es donde se quema el incienso. Hay personas que usan un incensario en su lugar. El humo que ve del incienso que se quema llevará sus mensajes e intenciones espirituales a los seres divinos con los que ha escogido trabajar. Muchos tipos de incienso tienen ingredientes específicos que ayudan con ciertos rituales, por lo que necesitará investigar para descubrir con qué tipo debe trabajar en cualquier momento. Un pebetero es básicamente un lugar seguro para quemar el incienso escogido. El incensario es un tipo de pebetero que cuelga de una cadena que puede llevar o que le permite balancear el incienso de un lado a otro mientras limpia su espacio.

La Ropa: No cualquier ropa. Este es el atuendo ritual, que es muy importante para muchos practicantes de magia. Históricamente, las brujas se ponían capas negras y oscuras por la noche para que el ojo público no cayera sobre ellas y no fueran perseguidas por practicar magia.

Necesitará tener una prenda de vestir, ya sea una camisa, una túnica, una falda, un sombrero o un par de guantes o pantalones, que solo usará durante la realización de sus rituales. Con el tiempo, descubrirá que usar ese artículo lo pondrá en un estado de ánimo mágico tan pronto como se lo ponga, para que no tenga que perder tiempo meditando o respirando, tratando de encontrar el estado de ánimo perfecto para empezar su gran trabajo.

Los Cristales: Hay todo tipo de cristales, pero cada uno es poderoso para provocar el cambio que desea en su vida. Los cristales le recuerdan al mago cuando los usa o los lleva consigo alrededor de su intención y lo que pretende ver que suceda en su vida. Las energías sutiles que emanan de los cristales se fusionan con su energía y le ayudarán con cualquier cosa que esté haciendo en la vida. A menudo tendrán la propiedad de los elementos de la vida. Por ejemplo, el ágata representa la tierra, la aguamarina representa el agua, el citrino sugiere fuego, y la lepidolita significa aire.

Los Artículos Adivinatorios: Estos artículos le permiten obtener una visión poco común de cualquier pregunta o asunto candente que tenga en su mente desde un punto de vista supernatural. Hay herramientas para adivinar las respuestas. Estas incluyen runas, cartas de oráculos, presagios de animales, alomancia (también llamada "sal derramada"), aeromancia (usar el clima), ogam, cera derretida, radiestesia, tarot, tableros espirituales, cenizas, cristales, I Ching, numerología, piromanía, astrología, bibliomancia (libros) y mucho más.

El Grimorio: Este es un registro de todas las cosas mágicas, incluidos sus experimentos, sus pensamientos y la orientación clara que ha recibido sobre cómo llevar a cabo sus rituales. Ya sea suyo o de otro, el grimorio a menudo tendrá instrucciones precisas que le mostrarán cómo invocar a un ángel o un demonio, cómo obtener y desarrollar sus poderes espirituales, y cómo realizar la adivinación correctamente. Los grimorios han estado en circulación por toda Europa desde la Edad Media, a pesar del desesperado intento de la Iglesia de quemar todas las cosas que consideraba ocultas.

En aquellos tiempos, era crucial para el practicante de magia mantener sus grimorios bien escondidos para evitar ser perseguido por la iglesia cristiana o quemado en la hoguera. Hemos recorrido un largo camino desde entonces, y ahora puede tener su grimorio de manera segura donde sea más conveniente para usted, preferiblemente en su altar para que pueda consultarlo fácilmente durante sus rituales según sea necesario.

La Ofrenda: Necesitará un cuenco de ofrendas. No importa de qué material esté hecho. El objetivo detrás de todo esto es hacer ofrendas que sean simbólicas y que sean apreciadas por la deidad con la que está trabajando.

Los Aceites: Los aceites mágicos hacen que sus rituales sean más potentes que nunca y le ayudarán a recordar sus metas mientras realiza sus ejercicios mágicos. Puede usar estos aceites para la magia con velas, meditación, cargar sus amuletos y otras herramientas, limpieza espiritual, hacer pociones, ungir o curar a otros y más. Debe asegurarse de usar solo aceites naturales, y mantenerse alejado de los aceites químicos en todos los rincones del mercado en estos días. Querrá asegurarse de que sus aceites mágicos sean aceites esenciales naturales.

El Pentáculo o El Pentagrama: En todas las culturas antiguas, desde Grecia a Egipto, desde los mayas de América Latina hasta India e incluso China, la estrella de cinco puntas o el pentagrama siempre se ha visto como un símbolo poderoso, potente y omnipresente en la historia de la humanidad. Lo descubrirá grabado en cuevas del Neolítico. Lo notará en los dibujos de la antigua Babilonia, mostrando a Venus en su viaje astrológico. También encontrará pentagramas en las escrituras hebreas.

Ya sea que lo llame pentáculo o pentagrama, significa lo mismo. Es un talismán que todo practicante de magia haría bien en poseer si pudiera. Si usa un pentáculo, lo protege de la mala suerte y las experiencias negativas. Ahuyentará a todas las entidades malvadas y acercará a las buenas para que estén dispuestas a ayudarle en todos sus esfuerzos. El pentáculo también representa los cinco elementos clásicos: Tierra, Agua, Fuego, Aire y Éter (o espíritu). Por lo general, el único punto solitario en el pentáculo se coloca hacia arriba, que representa la forma humana, y la estrella completa normalmente está dentro de un círculo, que representa la protección y el dominio de los cuatro elementos por parte del espíritu del usuario.

Los Tazones de Adivinación: Estos tazones de adivinación le brindan una visión espiritual y le permiten ver visiones. Puede usarlos con agua, fuego, humo o cualquier otra sustancia a mano.

El Bastón: Donde no es legal tener espadas, puede utilizar un bastón en su lugar. Con el bastón, demuestra que está conectado a la tierra. El bastón ha sido usado durante siglos por los chamanes, que están muy conectados entre sí. En ciertas ceremonias de primavera, también se usa para despertar a la Tierra, la Gran Madre, del letargo del invierno, golpeándola suavemente contra el suelo. Puede decorar y cargar su bastón con símbolos mágicos, runas, cristales, amuletos, aceites y hierbas. También se puede manipular en lugar de una varita.

La Varita: Esta es una varilla delgada que sostiene en su mano, generalmente hecha de madera, cristal, marfil, piedra o metales preciosos como plata y oro. El mago usa la varita para canalizar energía según sea necesario. El athame se usa a menudo para emitir órdenes, la varita se usa de una manera mucho más suave para alentar a todas las entidades y energías a conceder sus intenciones pacíficamente. Los wiccanos ven la varita mágica como una representación del elemento aire. Otras tradiciones lo ven como un símbolo del fuego.

La varita se usa para apuntar su atención hacia cualquier cosa que quiera hacer en el mundo. Comunica claramente cuál es su Voluntad en cualquier situación. Úsela para canalizar energía curativa hacia los demás o hacia usted mismo. Puede manipular la varita para implantar un propósito establecido en un talismán, cristal, vela, amuleto o cualquier otro objeto mágico con el que esté trabajando. Con ella, puede alentar suavemente a las energías espirituales que desea que vengan en su ayuda. Puede usar su varita para pescar cualquier bloqueo de energía en un lugar o en el cuerpo y quitarlo. O puede usarla para abrir sus chakras, o los de otro; crear portales que lo conectarán con reinos de otros mundos e incluso transmitir su voluntad a sus guías espirituales útiles.

La Herramienta Más Poderosa de Todas

Una herramienta determina la efectividad de todas las otras herramientas. No puede encontrarla en una tienda, tampoco puede comprarla. Me temo que esta herramienta ni siquiera es una herramienta. Entonces... ¿qué es "eso"?

En una palabra: ¡Usted!

Si bien cada herramienta mágica tiene su importancia y posee su propia vibración, que continúa creciendo cada vez más fuerte con el uso prolongado, su espíritu es lo más vital en sus rituales. Estas herramientas no tienen vida en sí mismas. Lo que las impulsa es simplemente su Voluntad e intención, su uso constante y práctica con ellas.

Siempre es importante que realice sus rituales desde un lugar de amor puro y verdadera compasión por todos los demás, con la intención de que ni usted ni nadie involucrado directa o indirectamente sufra algún daño.

Cree técnicas que funcionen bien para usted, aunque pueden diferir de las que están haciendo otros. Recuerde que tiene su propio camino especial, su propia Verdadera Voluntad. Cuando las cosas no salen como le gustaría, o su intención no se cumple de la forma que hubiera preferido, o en el momento que hubiera preferido, lo que tiene que hacer es seguir ajustándose según lo guíe su intuición, hasta volverse mejor. Continúe practicando hasta que su práctica se convierta en un hábito en el que se involucre en piloto automático, esté donde esté, sin importar las circunstancias. Nuevamente, la magia no depende de objetos o entornos. La verdadera magia está dentro de usted.

Lo dejo con este comentario final y muy importante antes de pasar al siguiente capítulo: no caiga en la trampa de atribuir poder a los objetos que están fuera de usted. Son herramientas y nada más. La mano tiene la autoridad, no el martillo en la mano. Solo hará lo que la mano le indique. Si la mano no hace nada con el martillo, entonces el martillo es simplemente otra cosa inútil. No entregue su poder a lo que no tiene vida. Asuma la responsabilidad de su vida y sus manifestaciones.

Capítulo Ocho: Preparándose para el Ritual

Practicar magia de manera efectiva significa que el mago debe participar en alguna forma de ritual para dar una dirección clara a sus intenciones y tener un enfoque distinto sobre qué energía extraer y dónde dirigirla.

¿Qué Es Un Ritual?

Es básicamente un proceso o una toda una secuencia de diversas actividades, que incluyen acciones, palabras, gestos y objetos. Estos ejercicios se realizan en un espacio sagrado y consagrado, y siempre seguirán un orden específico.

Son más comunes de lo que cree. Incluso cantar el himno nacional antes de un partido de fútbol es un ritual en sí mismo. Generalmente tendrá formalidad y, a menudo, tiene sus raíces en tradiciones antiguas. Nadie se aparta de la secuencia establecida, ya que hay reglas que deben seguirse al pie de la letra. También encontrará que la mayoría de ellos implican mucho simbolismo y actuación.

Hay todo tipo de rituales, desde sacramentos religiosos hasta ritos de adoración, ritos de purificación hasta ritos de iniciación, ritos de expiación, coronaciones, dedicatorias, matrimonios, inauguraciones presidenciales, funerales y más.

Elementos y Componentes de los Rituales

Formalismo: A menudo se establecen de acuerdo a códigos estrictos que no dan lugar a la improvisación o la desviación. El elemento del formalismo se manifiesta en la forma en que el mago y otros participantes hablan durante el evento sagrado. Hay una cierta entonación, una serie de palabras, volumen y orden, que inducen una atmósfera de magia y aceptación en todos los que participan.

Tradicionalismo: A menudo se basan en tradiciones ancestrales. Es importante permanecer fiel a la forma original del ritual tanto como sea posible para que tenga significado y logre las consecuencias deseadas.

Considere la famosa cena de Acción de Gracias, un buen ritual estadounidense, con sus orígenes en la colonización puritana de Estados Unidos.

Invariabilidad: Ningún ritual deja lugar a alteraciones. Hay una serie de movimientos o coreografías deliberadamente orquestados. Le obligará a disciplinar su cuerpo para moldear su mente en una condición adecuada para la magia.

Gobernanza de Reglas: Tienen reglas por las que se rigen. Como el elemento del formalismo, las reglas inculcan ciertas normas y controles para asegurarse de que todo comportamiento se ajuste al estado de ánimo del grupo. Las pautas aclaran qué es aceptable y qué no.

Sacrificio: La magia, por su propia definición, tiene rituales que son de naturaleza sobrenatural. Al trabajar con deidades, ángeles, demonios u otras entidades particulares, generalmente se necesitarán sacrificios. Esto no significa necesariamente que uno tenga que hacer sacrificios de sangre o algo por el estilo; simplemente puede ser suficiente que se asegure de que haya símbolos que lo representen eligiendo dar, o "sacrificar", y que esté permitiendo conscientemente a las fuerzas que necesitan trabajar en su nombre la libertad de hacerlo.

Actuación: A menudo son como una actuación en un escenario real. Tiene un espíritu de teatro, y con razón, considerando que cada elemento y objeto utilizado durante uno es simbólico, que representa algo más. Todos tienen un significado, que debe ser ejecutado por el mago.

La Importancia de los Rituales

Ya sea en su vida secular o en su vida sagrada, importan. Incluso la forma en que comienza su día, la forma en que llega al trabajo y la forma en que maneja las vacaciones o la reanudación de sus deberes son rituales. Conectan el pasado con el presente y el presente con el futuro. Perciben la continuidad y traen orden a nuestras vidas.

Los rituales mágicos lo llevan de lo secular y mundano al espacio mágico. Todas las secuencias involucradas en una funcionan de la mano para generar la energía que necesita, y luego liberar esa misma energía con precisión de láser para ayudarlo a lograr su objetivo.

El ser humano es una criatura de hábitos, por lo que no es sorprendente que encontremos mucha seguridad y comodidad en nuestros rituales. Tenemos un sentido de fiabilidad y podemos confiar en que las cosas funcionarán de una cierta manera, independientemente del aparente caos en el mundo exterior. Le permiten saber a dónde pertenece en toda la aparente aleatoriedad de la vida.

Incrustado en ellos hay mucha historia y culturas, todo ello reflejando las creencias de los magos del pasado hasta ahora. Piense en ello como un manual espiritual que tiene el modelo de la vida mágica. Como practicante de magia, tiene una meta o deseo que quiere que el universo refleje en usted. Todos los elementos, las palabras, la coreografía, el entorno y los objetos utilizados, tienen el singular propósito de elevar su energía y canalizarla hacia lo que desea, haciéndole formar parte de la magia presente.

Para el Mago, se trata de cumplir su Verdadera Voluntad. Mientras lleva a cabo su ritual, se casa con lo fugaz y lo duradero en el aquí y ahora. Se funde con lo divino y trae lo intemporal y lo invisible para las masas justo delante de sus ojos.

Le permiten el espacio que necesita para canalizar aún más energía de la que podría a través de cualquier otro medio, y luego enviar esa energía de manera activa para hacer su voluntad.

Preparándose para Su Ritual

Como mago, una de las primeras cosas que debe hacer es cuidar su entorno inmediato. Si no tiene eso resuelto, ¿cómo planea dirigir las energías y fuerzas de la naturaleza? Debe asegurarse de que su espacio, tal como está, sea adecuado para trabajos mágicos.

Dondequiera que elija tenerlo afectará los resultados que obtenga. Por lo tanto, es mejor utilizar los espacios que permitan el flujo de energía. Considere hacer el suyo al aire libre, o imagine que la energía de la naturaleza fluye sin obstáculos hacia el espacio que está usando en el interior. Idealmente, realizarlos en la naturaleza es un buen camino a seguir, ya que le permite a usted y a otros participantes reconocer que todos estamos entretejidos en el mismo tapiz.

Puede encontrar que está un poco limitado en su elección de ubicación. No permita que eso le afecte. Simplemente trabaje con lo que tiene. Debe asegurarse de que el espacio que elija pueda albergarlo a usted y a cualquier otra persona que participe en él.

Quiere realizar lo suyo en un espacio que ha consagrado para ese propósito. No desea interrupciones, distracciones, o cualquier cosa que pueda quitarle la calidad o el enfoque que se requiere. También debe asegurarse de que no haya teléfonos móviles o tabletas cerca. Para crear el ambiente, puede usar aromáticos, baratijas, y cosas de esa naturaleza.

Todos los rituales estacionales suelen tener símbolos y decoraciones que representan esa temporada en particular. Por ejemplo, un ritual de Ostara se beneficiaría de flores frescas. Desea escoger buena música, incienso adecuado, y los objetos que coincidan con su tema. Estos jugarán un rol importante en afectar su percepción, poniéndolo en un estado mental mágico.

En cuanto a los preparativos personales, debe estar en el estado mental adecuado. Lo mismo ocurre con todos los demás que se unen. La razón es que los pensamientos y las emociones de todos se combinarán, y esta energía alimentará al grupo. Todos deben dejar de lado los problemas y preocupaciones sin importancia y mundanos, para que todos tengan el mismo enfoque e intención.

Los baños rituales antes de la ceremonia son útiles, ya que pueden ayudar a limpiar cualquier energía persistente, antigua y no deseada, y evitar que eso manche su intención. Querrá agregar sal al agua de su baño, ya que la sal simboliza la purificación. También puede agregar aceites esenciales naturales. Si puede, báñese en el océano, o en un lago o arroyo. De lo contrario, no se preocupe. Solo tome un baño donde pueda antes de comenzar lo suyo.

Si está realizando uno con otros, querrá estar en un círculo. Esto representa que cada persona es responsable de los eventos que ocurren, y todos son igualmente relevantes. Todos los participantes deben tener muy claro su entendimiento sobre la razón por la que todos se han reunido, y deben estar listos, dispuestos, y capaces de dar su energía, física y psíquicamente, para que el propósito se cumpla. Si alguien no puede mantener su energía positiva y clara, entonces sería para el mejor interés de todo que esa persona se retire. Lo último que necesita es un eslabón débil que haga fracasar el ritual.

Finalmente, todos los objetos y herramientas rituales deben ser limpiados con anterioridad. Cargue energéticamente cada objeto para que haga su tarea designada. Reúna todas las herramientas que necesite, y solo entonces debe hacer un círculo.

La Progresión del Ritual

Cada ritual tiene una progresión, y cada paso está exactamente donde está en la secuencia de eventos por una muy buena razón. Piense en ellos como obras de teatro bien estructuradas. No querrá alterar el orden de las escenas; de lo contrario, todo el significado se perderá.

Todos tienen inicios muy específicos, que implicarán crear el ambiente sagrado en el que ocurrirán los eventos restantes. El inicio de su ritual determinará cómo se desarrollará el resto. Lleva a cada participante al espacio mental donde necesita estar, transportándolo al punto entre lo físico y lo espiritual, donde todo es uno. Une a todos en espíritu y mente para que puedan concentrarse en la intención por la que todos se han reunido con un corazón colectivo.

Al comienzo, puede hacer que todos los participantes respiren juntos al mismo ritmo mientras unen sus manos e invocan a todas las deidades y ángeles que necesitan estar presentes. Si es un mago que practica en solitario, necesitará un momento para rezar o meditar e invocar el círculo.

Una vez que haya llegado al punto de armonía, lo que suceda a continuación dependerá de la meta. Puede tejer hechizos, cantar, tocar el tambor o bailar. Puede sentarse a meditar, o visualizar, participar en adivinaciones, o incluso representar un evento simbólico. Lo que sea que elija debe coincidir con su intención.

Recuerde que cuanto más involucre los sentidos, más obtendrá la energía necesaria para que lo suyo sea un éxito. Esto significa quemar incienso, incorporar música y cosas de esa naturaleza. Notará que mientras la energía sube, los tambores o los cánticos pueden volverse más rápidos y más fuertes. Esto es algo bueno.

El final es tan importante como el comienzo. Ayuda a tener un final sólido, uno que dirigirá la atención de todos los magos de vuelta a las cosas mundanas y normales de la vida. Si no tiene un final adecuado, será como un mal suspenso en un programa de televisión. Los participantes tendrán una sensación de estar incompletos, y la intención puede quedar sin cumplir.

Debe poner fin a su ritual, que incluye reconocer que su deseo se ha cumplido y liberar a todos los espíritus y deidades convocados para ayudarlo con él. Además, todos los participantes deben conectarse a tierra. Al terminar, deconstruya su círculo, diga una oración de agradecimiento o termine con un canto. Cada participante debe aceptar que el conocimiento está completo y que la intención ha sido enviada y no regresará sin cumplir.

Capítulo Nueve: Realizando la Purificación

Mantenerse limpio y puro es crucial para cada acto mágico. Por eso hay ritos de purificación.

Purificación

La purificación es el proceso de liberarse de todo lo que es inmundo, especialmente antes de hacer algo mágico y trabajar con deidades y espíritus. Debe asegurarse de estar limpio, mental y corporalmente.

La purificación no solo se aplica a usted; se aplica a los objetos que usa durante un ritual y al espacio donde lo realiza. Históricamente, la frase "la limpieza está cerca de la divinidad" ha sido usada para explicar que ser puro es algo en lo que no escatima durante su práctica mágica.

Muchos rituales insisten en la limpieza, incluso mucho antes de que se discutiera la teoría de los gérmenes. Las religiones orientales siempre han valorado la pureza, tanto física como mental. Estar impuro durante un ritual siempre fue un tabú. Un beneficio adicional de las prácticas de purificación es que todos saben que no corren el riesgo de contraer algo de la otra persona. Las impurezas van desde la basura, los fluidos corporales, y los desechos hasta el comportamiento inmoral dentro del contexto de sus creencias mágicas.

La purificación es casi lo mismo que el destierro, excepto que es mucho más rigurosa, ya que debe preparar no solo su templo, sino también a sí mismo para llevar a cabo sus rituales. Según Crowley, los magos de la antigüedad a menudo pasaban por métodos de purificación muy arduos, que implicaban ayunar, abstenerse de tener relaciones sexuales, seguir dietas muy especiales, asegurarse de que el cuerpo pareciera limpio y ordenado, y hacer una serie de oraciones muy complejas.

Sin embargo, no se preocupe por participar en todo esto, porque Crowley también dice que ya no hay necesidad de purificarse en todos esos ámbitos. Simplemente puede establecer una intención, querer ser puro, y ese es el final del asunto. Así es como puede mantener su mente y cuerpo puros de todas las cosas que podrían interferir con su práctica espiritual. Crowley escribe en Magick, Libro 4:

La cuestión es aprovechar todas las ocasiones para aplicar todas las fuerzas disponibles para alcanzar el objetivo del asalto. No importa cuál sea la fuerza (de acuerdo a cualquier criterio de juicio) siempre que desempeñe el papel que le corresponde en asegurar el éxito del propósito general [...] Debemos examinarnos constantemente y asegurarnos de que cada acción está realmente subordinada al Único Propósito.

Para Crowley, era suficiente participar en rituales simbólicamente relevantes como bañarse y ponerse la túnica. Tomar un baño es un símbolo que muestra que se ha eliminado todo lo que no apoya su única intención. Ponerse la túnica también demuestra que se está poniendo todo lo que es bueno y que apoya su intención.

Destierro

El destierro es un ritual que elimina todas las influencias negativas que no deben estar en el espacio ritual, desde espíritus a energías negativas y estancadas. Hay muchos rituales de destierro, pero puede mantenerlos tan simples como sea necesario.

Antes de crear el círculo, que significa dibujar un círculo mágico alrededor de usted y sus participantes que canalizará sus energías de mejor manera y los mantendrá protegidos, desea realizar esto para santificar el área mágica. Desterrar es, literalmente, expulsar a todas las entidades y energías no deseadas de su espacio. Querrá hacer su destierro lo más regularmente posible, para que su altar y área de trabajo mágico se mantengan libres y limpias de negatividad e impureza, para que pueda practicar su magia y hechizos.

Crowley sugiere que haga un destierro general y que sea breve. Por supuesto, otras ceremonias son más elaboradas, requiriendo que destierre todo lo negativo, según su nombre. Crowley dice que debe hacer su ritual de destierro al menos una vez al día, como un verdadero thelemita.

Mantenerse Limpio

No puede permitirse ser una persona descuidada, desordenada y sucia como un mago en el espíritu de limpieza y Pureza, debe aprender a cuidar sus cosas y a sí mismo lo mejor que pueda.

Todos los trajes utilizados con fines mágicos deben mantenerse limpios. Usted mismo debe asegurarse de estar físicamente limpio antes de ponerse esta ropa o comenzar sus rituales. Báñese en agua salada. Lave su ropa mágica en agua salada. Limpie todos sus cristales, amuletos, varitas y otros objetos utilizando agua salada, y con la intención de que todos estos objetos solo se impregnen de energías positivas y útiles.

Si le parece exagerado, piense en lo importante que es para usted cada ritual que haga, cada intención que proponga, que no sea una pérdida total de tiempo en el mejor de los casos, o que atraiga los resultados incorrectos y las entidades incorrectas en el peor de los casos.

Ritual de Destierro Menor del Pentagrama de Crowley

El Ritual Menor de Destierro del Pentagrama, también conocido como LBRP por sus siglas en inglés, es un ritual mágico utilizado por la orden Aurora Dorada y ahora es muy popular en el ocultismo moderno. A menudo se considera un iniciador no negociable de todo el trabajo mágico, y es tan importante que, como miembro de la orden de la Aurora Dorada, es lo primero que se enseña (aparte de otros rituales de iniciación), antes de poder unirse a la Orden Interna.

El Ritual Menor de Destierro del Pentagrama es increíblemente dinámico. Requiere gestos, gritar palabras de poder particulares, visualización, evocación, oración y la limpieza y preparación de un área de trabajo mágico para permitirle realizar más magia o simplemente hacer sus meditaciones.

El objetivo de este ritual es desterrar todas y cada una de las formas impuras, cualquier entidad sobre el caos, y todo lo que no represente perfectamente los cinco elementos clásicos de la magia. Deberá usar su varita para trazar pentáculos en el aire y luego extraer el poder de los nombres de las entidades divinas. También deberá invocar todas las fuerzas espirituales a cargo de todos los elementos, para vigilar el círculo y mantenerlo fortificado.

El Ritual Menor de Destierro del Pentagrama y la Cruz Cabalística tienen ciertas partes básicas que se le atribuyen a Eliphas Levi, un ocultista francés. El origen del texto fue una oración judía que tradicionalmente se decía antes de acostarse. Por supuesto, esto lo señala el rabino Samson Raphael Hirsch en su libro, The Hirsch Siddur (1969). Esto es lo que dice:

En el Nombre de Dios, el Dios de Israel: que Miguel esté a mi derecha, Gabriel a mi izquierda, Uriel delante de mí, Rafael detrás de mí, y sobre mi cabeza, la presencia de Dios.

Preparándose para el Ritual de Destierro Menor del Pentagrama

Ciertas órdenes dicen que hay cierto equipo mágico que será usado para realizar el LBRP. Sin embargo, de acuerdo a la Orden Hermética de la Aurora Dorada, no se requiere ningún equipo. Para mayor claridad, la Orden Hermética de la Aurora Dorada (Ordo Hermeticus Aurorae Aureae) es una sociedad secreta firmemente dedicada a estudiar y practicar todo lo oculto, paranormal y metafísico. Fue fundada por William Wynn Westcott, William Robert Woodman, y Samuel Liddell Mathers, todos ellos eran francmasones.

Dicho esto, aquí tiene un enfoque que quizás quiera considerar cuando quiera llevar a cabo por sí mismo el ritual de destierro menor del pentagrama:

• Montar un altar en el medio de su espacio donde se colocarán todos los instrumentos que representan los cuatro elementos.

• Ponerse una túnica ceremonial, como una túnica tau, o cualquier otra prenda que utilice solo durante los rituales, y que solo use el mago: usted.

• Tener una espada ritual, o una daga (el athame servirá aquí) o una varita, si lo prefiere. Los usará para hacer gestos de los diversos puntos en la cruz cabalística, y también la necesitará para dibujar los pentáculos y el círculo que conecta todos los puntos.

El Proceso

De acuerdo con la orden del a Aurora Dorada, el *Ritual de Destierro Menor del Pentagrama* tiene tres pares que deben proceder en el siguiente orden:

1. **La Cruz Cabalística:** Puede repetirse al terminar con el LBRP. El objetivo de esto es crear una cruz astral utilizando el cuerpo del mago. Cada punto de la cruz coincidirá con los sefirot del Árbol de la Vida. (Los sefirot, que son emanaciones, son los 10 atributos de la Qabalah a través de los cuales el Infinito se muestra y continúa creando todos los reinos, tanto físicos como metafísicos).

2. **La Formulación de los Pentáculos/Pentagramas:** Trazará un pentáculo de tierra de destierro para el propósito del Ritual de Destierro, o invocará un pentáculo cuando realice un Ritual de Invocación dibujando el pentáculo en el aire en los cuatro puntos cardinales, y llamando el nombre del Dios que coincide con cada punto: YHVH para el Este, ADNI para el Sur, AHIH para el Oeste, y AGLA para el Norte. En esta porción del ritual, desterrará o invocará los cuatro elementos de Aire, Fuego, Agua y Tierra, en ese orden. Finalmente, conectará los cuatro pentagramas en un círculo, que dibujará en el aire.

3. **La Invocación de las Deidades o Arcángeles:** En este punto, invocará a los Arcángeles en el orden correcto: Rafael, Gabriel, Miguel y Auriel (o Uriel), pidiendo su presencia mientras ve en su mente a cada uno de ellos en los puntos cardinales.

Si lo desea, y si los nombres judeocristianos no son lo suyo, entonces puede reemplazar los nombres de los arcángeles, Dios, y la Cruz Cabalística con sus propios sustitutos. Por ejemplo, en lugar de usar el Árbol de la Vida, puede recurrir al sistema de Chakras del Este. En lugar de usar los nombres de Dios, puede cantar sus mantras. Todos los magos thelémicos usualmente invocarán el nombre de Aiwass, desde el corazón, mientras llevan a cabo la Cruz Cabalística. Esto muestra su compromiso continuo con el inteligente Liber AL vel Legis, o El Libro de la Ley, que es el principal texto sagrado de la Ley de Thelema. Lo que hay que recordar es que la magia es personal. Recuerde: Haga Su Voluntad. Encuentre lo que le resuena y use ese método.

Capítulo Diez: Tres Métodos de Invocación

La invocación implica llamar a una deidad o ser divino o identificarse con él. Según Crowley, dos cosas son fundamentales si va a tener una invocación exitosa. Primero dice "inflámese en la oración", y luego dice, "invoque a menudo". A medida que reza, canta, baila, o lo que sea que haga para invocar a los espíritus, aumenta su vibración para que coincida con la de ellos, lo que hace es que sea aún más probable que la invocación tenga éxito. No es suficiente simplemente cantar u orar; lo que Crowley quiere decir con inflamarse con la oración es permitir que le prenda fuego. Sienta la pasión arder en su corazón y alma. Sienta cómo el fuego de la chispa divina se eleva dentro de usted mientras reza, e invocará a la deidad con la que necesita trabajar.

A continuación, dice, "invoque a menudo" porque, como con todas las cosas, la práctica hace al maestro. Cuanto más invoque, mejor será para entrar al estado mental adecuado para que se produzca la invocación. Cada nueva sesión ocurrirá de manera más fácil y rápida que la anterior porque usted ingresa en lo suyo mientras domina el proceso

Crowley cree que no hay otra invocación que sea más importante, incluso que otros actos mágicos, que invocar su propio yo secreto, o su Santo Ángel Guardián si lo prefiere. Cuando haya invocado su yo secreto, le resultará mucho más fácil cuál es su Verdadera Voluntad. Aquí está la descripción de Crowley de la experiencia de invocación en Magick (Libro 4, capítulo 15):

"La mente debe estar exaltada hasta que pierda la conciencia de sí misma. El mago debe ser llevado hacia adelante ciegamente por una fuerza que, aunque en él y de él, no es de ninguna manera lo que él en su estado normal llama 'yo'. Así como el poeta, el amante, el artista, se dejan llevar por un frenesí creativo, así debe ser para el Mago."

La invocación esencialmente implica invocar las cualidades de una entidad en usted. En su mayoría, los rituales de invocación son devocionales. Debe entregarse en adoración a la deidad para que la deidad pueda moverse, vivir a través de usted y bendecirlo.

Los Tres Métodos de Invocación de Crowley

En el libro Magick (Libro 4), Crowley habla acerca de las tres principales clases de invocación. Afirma que, en esencia, estas tres clases o métodos son lo mismo. Sin embargo, cada método implica que el mago se identifique con la Deidad que se invoca.

Método #1: Devoción. Aquí, el mago logrará alinearse con la identidad de Dios mediante la entrega amorosa. Los magos renunciarán a todas las cosas irrelevantes para una vida llena de devoción a esa deidad, y suprimirán todos los aspectos ilusorios de sí mismos.

Método #2: Convocatoria. El Mago se alineará en identidad con la deidad dándole atención al aspecto deseado de sí mismo que desea invocar.

Método #3: Drama. La identidad del Mago se alinea con la de la deidad a modo de simpatía. No es fácil para el Joe o la Jane normal simplemente abandonarse completamente a sí mismos como un actor abandonaría su yo real por el personaje que interpretan en una película, pero cuando el mago es capaz de hacer esto, encontrará que este método es el mejor y el más eficaz de los tres.

Asunción de Formas Divinas

La asunción de formas divinas es otra técnica que el mago puede usar para invocar a su dios o deidad. Solo tiene que usar toda su imaginación para asumir que es una representación del dios con el que desea identificarse. Mírese a sí mismo como la suma total de la idea representada por ese dios.

Una excelente manera de lograr esta identificación es arreglar su postura de modo que sea característica del dios o espíritu que desea invocar, e imaginar que el cuerpo de este dios se fusiona con el suyo, envolviendo el suyo, por lo que se convierte en la encarnación viviente del dios. Al hacer esto, puede cantar o "vibrar" el nombre de ese dios. Vestirlo. Deje que la esencia de ese dios se impregne en su mente, cuerpo y alma. He aquí, usted es dios.

Esté Preparado

No debería tener que mencionar lo importante que es para usted estar preparado antes de intentar invocar cualquier espíritu o deidad. Debe asegurarse de ser puro de corazón, y que su espacio ritual esté listo. Lo último que necesita es invocar a un espíritu o ser travieso en lugar del espíritu con el que quiere trabajar.

Debe estar preparado en mente. Todas las cosas que no son relevantes para la invocación deben dejar de ser importantes para usted. Déjelas ir por completo y concéntrese en la meta que debe lograr en el momento.

Haga su mejor esfuerzo para asegurarse de que usted es pura vibración. Esto significará hacer un sahumerio en el área donde pretende hacer su invocación. También puede cantar mientras hace el sahumerio para elevar su vibración y ponerlo en un estado mental receptivo para la invocación.

Finalmente, piense en lo que desea lograr mientras lleva a cabo su ritual de invocación. ¿Por qué está invocando esta deidad? ¿Qué le gustaría lograr al permitir que las cualidades de esta deidad se conviertan también en sus cualidades? Mantenga esto al frente y en el centro de su mente, con total fe y expectativa de que tendrá éxito, sin importar lo que sea. Comience con un estado de ánimo de agradecimiento, conocimiento y confianza en que sus intenciones ya se han cumplido. Esta mentalidad positiva y expectante asegurará que obtenga los resultados que desea, y que no se decepcionará ni se desviará de su propósito.

Capítulo Once: El Arte de la Adivinación

Definición de Adivinación

Entre las muchas habilidades y talentos del adepto se encuentra el arte de la adivinación. El objetivo detrás de esto es obtener información que le resulte útil como mago en su Gran Obra, donde finalmente usted mismo pueda trascender.

Fuera de lo que sucede entre sus oídos, hay varios tipos de inteligencia con los que puede conectarse para recibir la información y los conocimientos más asombrosos y precisos, utilizando simbología. La adivinación se trata de obtener esa percepción del reino de la inteligencia infinita.

Adivinación vs. Cartomancia

No es lo mismo que la cartomancia. Cuando se encuentra con un vidente, intenta predecir lo que le ocurrirá en el futuro. Esto es diferente el sentido de que se trata más de aprender sobre la verdadera naturaleza de una situación o una persona. Le ayuda a comprender mejor a las personas, las cosas, los lugares y los eventos y, con esta información, puede tomar mejores decisiones por sí mismo.

Hay muchos métodos en las culturas y tradiciones de todo el mundo. En Occidente, los ocultistas suelen recurrir a la astrología, que implica averiguar la influencia de los planetas en nosotros. El tarot es un sistema de 78 cartas, y cada carta posee un significado único. También usan la bibliomancia, tomando un libro como la Biblia, el Bhagavad-Gita, el I Ching o el Liber Legis, y lo abren para leer pasajes aleatorios, y la geomancia, que implica marcar aleatoriamente la tierra o un trozo de papel para crear un conjunto de 16 patrones.

Adivinación: Subjetiva y Personal

No se puede considerar una ciencia perfecta. El propio Crowley afirma en el capítulo 18 de Magick (Libro 4). "Al estimar el valor definitivo de un juicio adivinatorio, uno debe tener en cuenta más que las numerosas fuentes de error inherentes al proceso mismo. El juicio no puede hacer más que los hechos presentados para respaldarlo. Naturalmente, en la mayoría de los casos es imposible asegurarse de que no se haya omitido algún factor importante [...] Uno no debe asumir que el oráculo es omnisciente".

En otras palabras, todo se reduce a cómo interpreta un símbolo. Si se trabaja con sueños como proceso de adivinación, un fuego podría simbolizar un peligro para un mago, pero para otro, podría significar regeneración o un nuevo comienzo. La naturaleza subjetiva del mismo permanece constante, sin importar el medio utilizado, ya sea el Tarot, las Runas o la Oculomancia.

Ejercicios Prácticos de Adivinación

Adivinación mediante Oculomancia

La oculomancia también se conoce como contemplación de cristales o hidromancia. Si alguna vez ha visto una escena de una película en la que un gitano miraba una bola de cristal, la oculomancia es exactamente lo que estaba representando, excepto que la verdadera oculomancia no se trata de ver el futuro. Nadie puede ver el futuro. Usted solo puede especular al respecto en función de la información que tiene actualmente.

El origen de la palabra "scrying" (oculomancia en inglés) es el inglés antiguo descry, que significa "revelar" o "distinguir tenuemente". La oculomancia es el proceso de revelar lo que está oculto en nuestra vista interior o segunda vista. Este sitio representa nuestra capacidad para percibir lo que rara vez captamos usando solo nuestros cinco sentidos.

La primera mención de la oculomancia fue en el siglo 10, en el Shahnameh, una pieza de escritura persa antigua. Tras el surgimiento del cristianismo, toda la oculomancia fue prohibida por considerarse "diabólica". Esto es gracioso porque, en todas las culturas, siempre ha existido alguna forma de este arte, desde los egipcios que usaban aceite para comprender mejor, a los nativos americanos que usaban humo que les mostraba misterios.

Con la oculomancia puede conectarse con su mente inconsciente y con reinos más allá de lo físico. Puede hacerse una idea de quién es y por qué es. Si todavía está buscando su Verdadera Voluntad, entonces la oculomancia será de inmenso beneficio para usted, ayudándolo a identificar sus deseos y aspiraciones.

Cómo Hacer Oculomancia

1. Encuentre un lugar tranquilo donde pueda trabajar sin interrupciones. Prepare las cosas para que pueda entrar fácilmente en un trance. Si lo ayuda tener poca luz, entonces cierre las cortinas. Si le ayuda tener mucha luz, abra las cortinas. Querrá entrar en un estado meditativo antes de empezar.

2. Conozca su intención. De esta manera, es más probable que obtenga las respuestas que desea. Establezca su intención firmemente en su mente.

3. Mire fijamente en el medio elegido, ya sea fuego, una bola de cristal, un espejo o agua. Su estado de trance puede profundizarse. Esto está bien. Después de un rato, comenzará a ver imágenes. Se formarán sombras, figuras y siluetas. Puede ver imágenes vagas o puede ver destellos vívidos. Mientras ve estas cosas, es posible que se le vengan a la mente fechas, lugares y horas importantes que se relacionen con su intención. No se obligue a ver lo que está allí. Solo deje que suceda.

4. Cuando haya terminado, escriba todo lo que vio, y escriba los detalles de cómo fue su sesión.

Está bien si, al principio, tiene miedo de lo que podía ver. Para lidiar con este miedo, conéctese a tierra para sentirse unido con lo físico al permitir que la energía del suelo fluya hacia arriba a través de sus pies y el resto de su cuerpo, anclándolo. Lentamente convénzase de que solo por ver cosas no significa que se ha vuelto loco. Cante el nombre de una deidad que le haga sentir seguro.

Adivinación por Péndulo de Radiestesia

El péndulo no debe pasarse por alto, ya que es una forma poderosa de encontrar la verdad sobre las cosas. No solo es poderoso, sino que también es fácil crear uno en casa, con un hilo y una llave con un ojo para que pase el hilo.

Un péndulo de radiestesia suele ser un cristal o una roca que cuelga del extremo de una cadena o cuerda. Brinda información en todos los niveles, ya sea sobre un asunto espiritual o si debe encontrar algo que ha sido enterrado entre los pisos. Funciona conectándolo con los registros akáshicos, que están llenos de respuestas a todas las interrogantes urgentes de la vida. Cuando hace una pregunta, su mente inconsciente responderá afectando las terminaciones nerviosas de sus dedos, y esto lo hace balancearse como respuesta, por lo que su cuerpo le dice lo que sabe por dentro.

Cómo Usar el Péndulo

1. Seleccione el péndulo correcto. Sí, puede hacer uno con una llave y una cuerda, pero si necesita algo que le ayude a entrar en el estado de ánimo mágico, entonces debería pensar más en lo que debería servir como un péndulo adecuado. ¿De qué material quiere que esté hecho? Si usa un cristal ¿de qué tipo debe ser? Piense en el cristal de poder con el que más resuena. Puede ir a una tienda de magia, tomar todos los que están disponibles, y ver cuál es el que más lo llama.

2. Limpie su péndulo. Desea que esté libre de toda la energía estancada o residual en él.. Puede limpiarlo en agua salada, enterrarlo en la tierra por un día o usar una varilla para difuminar. Cuando intuitivamente sienta que está limpio, entonces puede trabajar con él.

3. Desarrolle una relación con su péndulo. Esto es algo sencillo de hacer, pero llevará algo de tiempo y mucho compromiso, como una relación real. Quiere aprender el lenguaje de su péndulo, y quiere que él aprenda el lenguaje de su mente inconsciente. Para que esto suceda, debe hacerle preguntas. Primero, respire profundamente para que pueda estar centrado y conectado a tierra. A continuación, solicite apoyo y orientación rezando a su deidad, a su yo superior o cantando. Pida recibir las respuestas más objetivas y claras. Por

último, hágale algunas preguntas para averiguar qué significa "sí", "no" y "tal vez".

Podría decir que sí balanceándose hacia adelante y hacia atrás, y podría decir que no balanceándose de lado a lado, o balanceándose en sentido horario o antihorario. Para entender lo que significa cada dirección puede decirle "muéstrame sí", y entonces espere para ver. Luego dígale "muéstrame no", y deje que le muestre. Luego pida "muéstrame tal vez", y observe. Entonces agradézcale.

Otra forma es hacerle preguntas con respuestas objetivas, como "¿soy hombre o mujer?" o "¿el ejército del cielo es verde o azul?" o "¿soy un padre o no?". Luego, preste atención al balanceo que obtiene con cada pregunta. Asegúrese de hacer siempre este ejercicio o el anterior, porque puede cambiar la forma en que dice sí, no o tal vez.

4. Hágale preguntas a su péndulo cuando esté listo para ser usado. Asegúrese de estar cómodo en su asiento. Asegúrese de que su brazo esté estable y apoyado en el codo. Sujételo bien y holgado entre el dedo índice y el pulgar. Mantenga el agarre suficiente para evitar que se le resbale. Sugiera la pregunta para la cual desea una respuesta. Puede preguntarle cualquier cosa... siempre que esté dentro de lo razonable. Podría descubrir si debe ir a un evento, ver lo que siente acerca de algo o decidir un cambio de carrera. Puede ayudarlo con los problemas cotidianos, relaciones, problemas económicos y preocupaciones espirituales.

Por favor sea prudente al utilizar su péndulo. No intente hacer adivinación cuando su mente se sienta desequilibrada o cuando se sienta terrible emocional o físicamente, ya que obtendrá respuestas incorrectas. Asegúrese de estar en el estado mental adecuado preguntándole si es un buen momento para proceder.

No debe reemplazar a su médico. Si necesita atención médica, por favor busque un profesional. Solo practique la adivinación con usted mismo, no en otra persona, a menos que le hayan dado permiso para trabajar con ellos o en su nombre.

Comience sus sesiones con la mente abierta. Deshágase de todos sus prejuicios. Si tiene una mente que está enfocada en un tema, esto obviamente afectará su proceso.

Sepa que solo puede hacer cosas por usted hasta cierto punto. Podría intentarlo con oculomancia, runas o tarot. Puede complementar con la oculomancia para comprobar que la obtención que obtiene es cierta.

No dependa demasiado de él. Puede ser genial para la adivinación, pero lo último que quiere es tomar todas las decisiones en la vida en función de la dirección en la que el péndulo se mueva. Tenga cuidado de no convertirlo en un apoyo. En la magia, es importante ser responsable de todas sus acciones y elecciones, y ser consciente de su toma de decisiones. No arruine su vida ni la de otra persona simplemente porque "mi péndulo dijo que estaba bien". No intente traspasarle sus responsabilidades. Recuerde, es una herramienta. Usted tiene el poder supremo, y solo usted debe asumir la responsabilidad o la culpa de sus acciones como un verdadero thelemita.

Antes de cada sesión debe comenzar preguntando:

- ¿Puedo hacer esta pregunta? Si es así, ¿estoy listo para la respuesta?

- ¿Puedo hacer esta pregunta? Si es así, ¿se me permite? Esto es útil cuando se realiza radiestesia o adivinación para otra persona. Además, el hecho de que le insistan en que debe preguntar no significa que deba ignorarlo si le dice que no.

- ¿Debo hacer esta pregunta? Si es así, ¿está bien? Esta es la única vez en que debe usar la palabra "debería" al hacer preguntas sobre su péndulo. Usar "debería" podría hacer que sus prejuicios afecten las respuestas que obtenga.

Capítulo Doce: Más Prácticas Mágicas

Mientras concluimos este libro, consideremos aún más prácticas mágicas que debería hacer parte de su vida mágica diaria.

Consagración

La consagración implica dedicar un espacio o una herramienta ritual a un propósito particular. Según Crowley, en Magick (Libro 4, capítulo 13), "El ritual aquí en cuestión debe resumir la situación y dedicar el arreglo particular a su propósito invocando las fuerzas apropiadas. Recordemos bien que los Juramentos de su consagración original unieron a cada objeto. Por lo tanto, si un pentáculo ha sido consagrado a Venus, no puede usarse en una operación con Marte".

La misma palabra consagración connota "asociación con lo sagrado". Puede consagrar lugares, cosas e incluso personas. La idea detrás de la práctica de la consagración es la devoción de lo que está siendo consagrado a una causa, deidad, función mágica o intención.

Evocación

La evocación no debe confundirse con una invocación. Cuando invoca, llama a una deidad o un espíritu. Cuando evoca, suscita a la entidad. Crowley dice, "en la Invocación, el macrocosmos inunda la conciencia. En la evocación, el mago, habiéndose convertido en el macrocosmo, crea un microcosmos. Invoca a Dios en el Círculo. Evoca a un espíritu en el triángulo".

Hay dos propósitos distintos para la evocación. El primero es ayudarlo a recopilar información, mientras que el segundo es para obtener la obediencia o los servicios de un demonio o espíritu. Busque la evocación más efectiva. Encontrará en el grimorio de Goetia, un grimorio anónimo sobre demonios, también conocido como la Llave Menor de Salomón, o el Lemegeton, o Salomonis Regis, compilado a mediados del siglo 17. Este grimorio tiene instrucciones muy claras sobre cómo puede convocar de forma segura a los 72 espíritus infernales y hacer que cumplan sus órdenes. También puede evocar ángeles, dioses y otros seres con conexiones con el zodíaco, los planetas y los elementos.

Fórmulas Mágicas

Las fórmulas mágicas comprenden una serie de letras, palabras o nombres, que tienen significados que representan los principios mágicos y la profundidad de la comprensión, que son difíciles de comunicar de cualquier otra manera. Estas fórmulas ofrecen una forma concisa de compartir significados e información abstractos usando solo una frase o una palabra. Estos significados a menudo se relacionan con un proceso de cambio espiritual o místico. Algunas de estas fórmulas son IAO, INRI, ShT, LVX, NOX, AUMGN, entre otras.

Tomadas al pie de la letra, estas palabras no significan nada en sí mismas. Sin embargo, después de la deconstrucción, encontrará que cada letra lleva una idea universal dentro de sí misma, que está en el sistema en el que se basa la fórmula. Además, cuando agrupa letras en particular, puede compartir secuencias llenas de significado, y son muy valiosas dentro del marco del sistema espiritual al que pertenecen.

Registro Mágico

El registro mágico del mago es un diario en el que puede documentar todas las experiencias mágicas, eventos, ideas y otras informaciones relevantes para su oficio. Tener este registro puede servir para mantener la fe y puede proporcionar evidencia sobre cuán efectivo es un procedimiento mágico. Puede ayudarlo a asegurarse de que todo lo que ha aprendido se pueda transmitir a otros mucho después de que se haya ido. Cuando anota esta información, es más fácil para usted obtener información, analizar su progreso y compartir y aprender con otros profesionales como usted.

Según Crowley, debe llevar registros mágicos; como lo señala en Liber E, debe registrar todos sus experimentos con mucho detalle, justo después o incluso durante su acto mágico. Quiere que sus registros sean científicos y precisos. Anote sus condiciones mentales y físicas durante el experimento, la hora y el lugar, y el clima. Esta información definitivamente resultará útil.

Armas Mágicas

Las armas mágicas se utilizan para crear el cambio que busca, que se ajusta a su Verdadera Voluntad. Si es su voluntad que todos sepan lo que ha aprendido durante su última práctica mágica, entonces toma las armas de pluma y tinta y escribe. Crowley reconoce que compartir su conocimiento escribiendo es un acto mágico, al igual que compartir el libro en el que ha escrito sus palabras.

Las armas mágicas a menudo son muy específicas y están consagradas, por lo que solo deben usarse en magia ritual o ceremonial. No existe una regla per se sobre qué constituye un arma mágica y qué no, pero si usted, el mago, considera que un objeto es un arma mágica, entonces, para todos los efectos, lo es. Sin embargo, ciertas armas mágicas tienen un significado más profundo y simbolizan otras cosas. Por ejemplo, está el athame o la daga, el aceite sagrado, la varita, la espada, la lámpara de aceite, el graal, el incensario, la campana, entre otras.

Magia Mineral

Es posible leer la historia de vida de otra persona simplemente sosteniendo un brazalete suyo. Esto es posible porque todos los minerales, desde cristales y metales hasta piedras y conchas, tienen dentro de ellos las vibraciones de cualquier cosa y persona con la que hayan estado en contacto y, a menudo, se aferrarán a todas esas vibraciones durante un largo tiempo.

La persona promedio puede mirar los minerales y pensar que están sin vida y estáticos, pero el mago sabe que puede sentir la energía de estos metales y piedras. Los cristales tienen su propia fuerza vital, al igual que las piedras preciosas y cualquier otro mineral en el que pueda pensar. Cuando imprime su intención en un objeto mineral, esa intención se conservará durante años y años. También puede combinar minerales con otras cosas para que pueda fortalecer sus hechizos o alargar su duración.

Cada piedra preciosa tiene propiedades únicas y se puede usar de muchas formas en la magia. Puede usarlas como runas, péndulos u otras herramientas; puede usarlas para curar los chakras, como talismán o amuleto, para rituales y hechizos, para aumentar la potencia de la meditación, para amplificar el poder de las armas y herramientas mágicas consagradas, como un regalo a los dioses, etc.

Primero, para usar minerales como piedras preciosas, quite todas las vibraciones antiguas, limpiándolos en agua salada y visualizando la luz blanca que limpia las piedras por dentro y por fuera. Puede combinar estas piedras juntas. Puede crear un talismán para la riqueza usando piedras de ojo de tigre, y agregando un poco de hematita, se asegura de que quien use el talismán pueda conservar su dinero.

Las Piedras y sus Usos Mágicos

● Ámbar: protección, tanto física como psíquica.

● Amatista: mejora la meditación, el recuerdo de los sueños, suaviza las emociones, mejora la capacidad psíquica.

● Lágrimas de Apache: da buena suerte.

● Aguamarina: aumenta la conciencia y la claridad mental, permite la percepción espiritual, estimula la creatividad.

● Aventurina: atrae abundancia y riqueza.

● Azurita: promueve la paz y la armonía, excelente para la magia de los sueños.

● Heliotropo: da valor, fuerza, curación y protección física.

● Cornalina: aumenta la energía sexual, da iniciativa y coraje y aumenta la pasión.

● Citrino: elimina y limpia la mala energía de otras piedras preciosas, destierra todas las pesadillas, aumenta sus habilidades psíquicas.

● Coral: aumenta los sentimientos de afecto, atrae el amor hacia usted, aumenta su autoestima, calma las emociones conflictivas.

• Diamante: genera confianza y compromiso, especialmente en las relaciones. También absorbe y retiene vibraciones y energías, y aumenta las posibilidades de victoria mientras da fuerza.

• Esmeralda: promueve la adivinación y la clarividencia al mismo tiempo que impulsa el crecimiento, la curación y proporciona equilibrio emocional y mental.

• Fluorita: aumenta la fuerza de su mente consciente y aumenta sus habilidades mentales.

• Granate: brinda protección, atrae la bondad, calma los miedos y alivia la depresión.

• Hematita: perfecta para conectarse a tierra y centrarse, y ayuda a mantener estables las emociones.

• Jade: aumenta la prosperidad, fomenta la longevidad, aumenta la salud y belleza.

• Jaspe: el jaspe rojo es increíble cuando se trabaja en hechizos de amor, ya que intensifica las pasiones. El jaspe marrón es la piedra que se utiliza para curar. El jaspe de amapola es el mejor para romper todos los bloques en los circuitos de energía del cuerpo.

• Lapislázuli: ideal para niños; abre su tercer ojo y mejora sus habilidades psíquicas. Funciona en sus chakras superiores. Los antiguos egipcios sabían que esta era la piedra para cargar los meridianos de energía.

• Moldavita: mejora sus habilidades físicas, abre sus chakras superiores y acelera la evolución de su espíritu. Esta piedra es extraterrestre, ya que resultó de la colisión de un meteoro con la Tierra hace 15 millones de años.

• Feldespato: sueños más vívidos, mayor recuerdo de sueños y emociones más tranquilas.

• Obsidiana: perfecta para la oculomancia, valorada por Hécate, la patrona de las brujas.

• Ónix: la mejor para centrarse y conectarse a tierra, absorber y desterrar la mala energía y destruir hábitos poderosos.

• Ópalo: mejora la capacidad psíquica, aumenta sus visiones y atrae el amor hacia usted.

• Perla: aporta equilibrio a su vida amorosa, potencia su feminidad, aumenta su felicidad y autoestima.

• Cuarzo Transparente: el mejor para retener información, la amplificación de otras energías de otras piedras, la transmisión de energía e ideas, y una mejor conciencia psíquica.

• Cuarzo Ahumado: retiene sus problemas hasta que esté listo para resolverlos, mejora su resistencia.

• Cuarzo rosa: lo cura emocionalmente, restaura el equilibrio emocional, atrae amistad y amor hacia usted, y amplifica su energía psíquica.

• Rubí: ideal para estimular el amor, la pasión y las emociones, le ayuda a abrir su corazón al amor de lo divino y aumenta su vitalidad.

• Zafiro: ideal para mejorar su conocimiento de todas las cosas espirituales, esta piedra lo conecta con lo Divino y le brinda perspicacia, sabiduría y visión profética. El zafiro estrella también le da claridad con su Verdadera Voluntad, y le da esperanza.

• Ojo de Tigre: aumenta la confianza en sí mismo, lo que le da la libertad de buscar su propio camino y seguirlo. También es una gran piedra para la abundancia.

- Turmalina: la turmalina negra y la turmalina verde son excelentes para curar, limpiar y absorber todas las energías y vibraciones negativas. La turmalina sandía y rosa le atraerán amor, amistad y satisfacción. También puede utilizarlas para transmitir ideas, energía y mensajes.

- Turquesa: esta piedra promueve la prosperidad, la curación y la protección. Úsela para calmar toda la ansiedad y la tensión, física y emocionalmente.

Aquí hay un hecho a tener en cuenta: el ámbar en realidad no es una piedra; es resina endurecida. La tradición dice que el ámbar originalmente vino de las lágrimas del sol cuando se puso. Incluso ahora, todavía se considera una piedra de fuego o una piedra solar. Es una piedra que la mayoría de las brujas usan para curar, ya que captura todas las dolencias y enfermedades de la misma manera que se usa para capturar insectos.

Estas piedras preciosas suelen estar disponibles en muchos grados y calidades. No necesita tener una piedra grande para realizar su magia. Simplemente puede permitir que su intuición le haga saber cuál es la piedra correcta que amplificará la intención que estableció para el ritual que está a punto de realizar.

Considere tener joyas mágicas hechas con estas piedras preciosas. Pueden resultar útiles para recordarle sus intenciones, curarlo y servir como talismán. Las piedras preciosas siempre han estado conectadas con diosas y dioses, e incluso pueden servir como ofrendas durante sus rituales. Recuerde que las piedras preciosas que use absorberán su energía, adquiriendo algunos de sus atributos. Por ejemplo, si está usando una piedra mientras está alegre, brillará. Si la usa cuando se siente mal, se nublará. Si alguna vez le regalan una reliquia familiar, debe lavarla antes de usarla para deshacerse de toda la mala energía no deseada.

Conclusiones

Finalmente ha llegado al término de este libro, pero no debe permitir que su búsqueda de conocimiento se detenga aquí. Depende de usted, como mago, reunir tanto conocimiento como pueda para que pueda aplicarlo a su oficio y mejorar cada día.

En su práctica de la magia, debe recordar esto: haga su voluntad. Recuerde que esta es la verdadera intención detrás de todo lo mágico que hace. Mientras practica la magia, recuerde que lo que está haciendo es simplemente expresar su Verdadera Voluntad en armonía con el universo. Esto es lo único que importa, momento a momento.

Tenga en cuenta que debe practicar su oficio desde un lugar de amor y compasión hacia todos. Si elige usar sus poderes para el mal, si deliberadamente se involucra en la magia únicamente para derribar a otros, entonces debe estar preparado para el hecho de que, a su debido tiempo, recibirá el mismo trato que ha dado, *y a menudo multiplicado por cien.*

Por lo tanto, el mago sabio sabe en su práctica recordar siempre la Regla de Oro: haz a los demás lo que te gustaría que te hicieran a ti. No puede permitirse el lujo de ser irresponsable con el conocimiento que tiene ahora.

Puede aprender tantas cosas en tantos libros sobre magia, pero una cosa prevalece sobre todos los libros, incluso este. Es el conocimiento que aprende de la práctica constante, particularmente de sus meditaciones. Asegúrese de que, pase lo que pase, haga de la meditación parte de su vida todos los días. Hay percepciones que nunca obtendrá de la página de un libro; solo las experimentará mientras medita, y practica yoga y viajes astrales.

En su estado de sueño y en sus viajes astrales, aprenderá mucho acerca de la verdadera naturaleza del universo, y recibirá nuevos conocimientos y ejercicios para practicar para llevar su viaje espiritual al siguiente nivel. Por lo tanto, no puede permitirse el lujo de descuidar su práctica. Cuanto más practique, más conocimiento tendrá y más poder obtendrá.

Puede notar que sus ejercicios en este libro se han mantenido de la manera más flexible posible. Esto es por diseño. Para trabajar con piedras mágicas, hágalo basándose en su intuición. Su alma lo guiará acerca de los mejores métodos para que pueda realizar todos los rituales, desde la purificación y el destierro hasta las bendiciones y la adivinación. Lo que ocurre con esta vida mágica es que cada camino es único. Por lo tanto, debe encontrar el camino que más le resuene para que su práctica se convierta en algo que espera con ansias todos los días.

Finalmente, cuando lo sobrenatural comience a suceder a su alrededor (y sucederá si se mantiene practicando), por favor no caiga en la trampa de pensar que ha "llegado" a la última parada del autobús espiritual. Hay mucho más por explorar. Siempre hay más allá de donde está. Incluso si aprende a ver a distancia o a estar en dos lugares a la vez, incluso si hace profecías que se cumplen pase lo que pase, no permita que ninguna de esas cosas maravillosas le impidan practicar.

El viaje mágico es interminable. Siga sumergiéndose. Y cuando llegue al fondo del océano, sumérjase aún más.

Segunda Parte: Hechizos lunares

Desbloqueando el poder oculto de las 8 fases lunares, la magia Wicca y la brujería

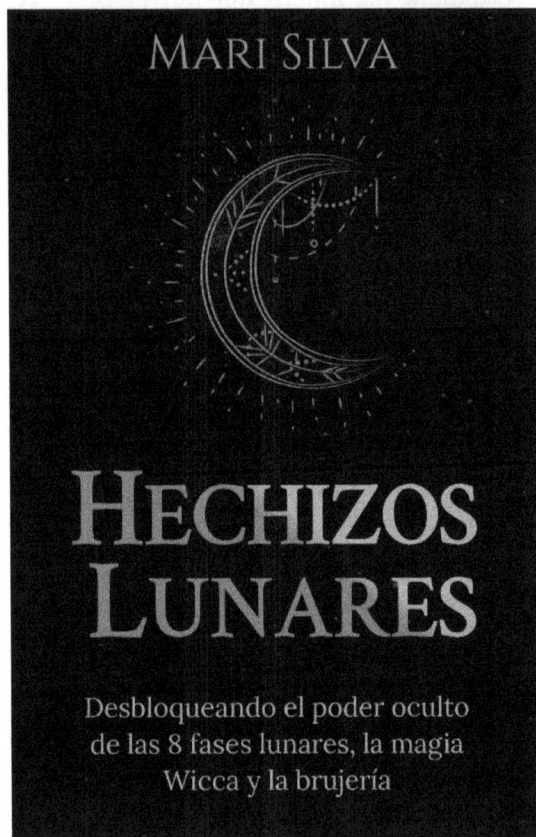

Introducción

La Luna es uno de los objetos más majestuosos del sistema solar y ha inspirado respeto y curiosidad desde los primeros días de la vida humana. Este gran cuerpo brillante en el cielo encierra misterios y maravillas que pocos pueden comprender, y sus secretos podrían ser la clave para desbloquear más de lo que podríamos imaginar. Por eso la luna se considera sagrada para muchas culturas, y hay una larga lista de dioses y diosas de la luna en muchas civilizaciones.

Las diferentes fases lunares la han convertido en un símbolo eterno de transformación y tiempo. También se ha relacionado con el nacimiento y la muerte, la creación y la destrucción. Este poderoso símbolo es otra de las razones por las que muchas culturas tienen deidades asociadas a la luna.

Este libro explorará esas fases lunares y cómo cada una puede llevar una ola de magia en su interior. Aprenderá los hechizos que puede lanzar durante las diferentes fases de la luna. Cubriremos todos los pasos que necesita para conjurar los hechizos que desea y explicaremos cómo debe emparejarlos con las distintas fases lunares. Esta guía es ideal para los principiantes porque presenta consejos fáciles de entender e instrucciones prácticas sobre cómo elaborar esos hechizos.

Si alguna vez ha tenido curiosidad sobre las otras fases lunares y cómo podrían afectar a la realización de hechizos, entonces ha llegado al lugar correcto. La información que encontrará aquí está actualizada, y contiene hechizos reales que puede probar por sí mismo. No es necesario tener experiencia en la elaboración de estos hechizos, porque todo lo que necesitará será descrito. Todo lo que se requiere de usted es una mente abierta, y una voluntad de probar esto.

Exploraremos todos los hechizos, desde el de amor hasta el de fertilidad, y cómo puede elaborarlos. También hablaremos de los ingredientes y los rituales asociados a esos hechizos. Si esto suena como algo que le interesa, y estamos seguros de que así lo es, entonces siga leyendo para mejorar sus conocimientos de hechizos.

Parte 1: Fundamentos de la magia lunar

Capítulo 1: La Madre Luna: su poder y su simbolismo

Notará que a menudo se hace referencia a la luna con símbolos femeninos, y esto tiene una explicación. Mientras que el sol se considera que representa la masculinidad, la luna se considera la manifestación femenina de todas las cosas. Sin embargo, a pesar de ser un símbolo femenino, cualquier género puede asociarse y relacionarse con ella. La Madre Luna no es exclusiva de géneros o razas, y pertenece a todos.

Como hemos mencionado antes, muchas culturas han admirado a la luna y han asociado a dioses y diosas con el poder y la energía que provienen de ella. Cuando realiza un ritual o un hechizo relacionado con las fases lunares, puede invocar a una de estas deidades. En la siguiente parte, exploraremos las deidades más comunes en varias culturas y cómo la gente ve esos poderes superiores, dada la luna. También examinaremos cómo las religiones asocian la luna con la energía femenina y la consideran un símbolo de pureza y feminidad. A pesar de la asociación de la luna con el ciclo menstrual femenino, de la que hablaremos dentro de un rato, no todas las culturas consideran a la luna como una mujer, aunque sí la mayoría.

Mitos griegos

La luna tiene un rico historial en la mitología griega. Se creía que Selene era la diosa titán de la Luna. Conducía su carro lunar por los cielos cada noche, marcando el comienzo de una nueva noche, y se afirma que tenía una esfera lunar o un creciente en la cabeza como corona. Es la hermana del dios del Sol, Helios, y de Eos, diosa del amanecer. En los mitos griegos, se dice que Selene se enamoró de un joven rey llamado Endimión y le dio 50 hijas, otro símbolo de la fertilidad de la luna y su asociación con el arquetipo femenino. Con el tiempo, otra mujer, Artemisa, tomó el relevo y se convirtió en la diosa de la Luna después de Selene. A pesar de ello, Selene ha sido considerada a menudo como la personificación de la propia luna.

Azteca

En la mitología azteca, la antigua diosa de la luna era Coyolxauhqui. También se la consideraba la diosa de la Vía Láctea. En la mitología azteca se la representa a menudo librando una feroz batalla con su hermano, el dios del sol y de la guerra. La batalla siempre termina con la horrible muerte de Coyolxauhqui, y su muerte se representa a menudo en sacrificios rituales en el calendario azteca.

Maya

Ix Chel era la diosa maya de la luna. A veces se la representaba como una mujer joven y sensual que representaba la fertilidad, y otras veces, se la describía como una mujer mayor que se asocia con la muerte y la destrucción. Ix Chel era conocida ocasionalmente como la Dama Arco Iris.

Cristianismo

La Virgen María se representa a menudo con una luna nueva, símbolo de paz e iluminación. La relación entre María y la luna siempre ha sido intercambiable. La luna se considera un antiguo símbolo de María, la Madre de Dios, y María es una fuente de luz en sí misma, la Madre de Dios, que también es luz.

Polinesia

Sina es la deidad polinesia asociada a la luna, y es una de las deidades más populares de esa cultura. Algunos dicen que residía dentro de la propia luna, y es la protectora de los viajeros en el camino por la noche. El mito hawaiano cuenta que Sina habitaba la tierra con un marido, pero se cansó de él y se fue a vivir a la luna.

Celta

En la mitología celta, Cerridwen es la diosa de la luna y la fertilidad. A menudo se la relaciona con el conocimiento y la sabiduría y se la vincula con el inframundo. En muchos cuentos y mitos se la simboliza con una cerda blanca. La cerda representa su fuerza como madre y su fertilidad. Se la considera a la vez madre y arpía, y se la asocia a menudo con la luna llena.

La Luna y la Triple Diosa

Como hemos mencionado antes, la luna se ha asociado a menudo con la mujer y la madurez femenina. La Triple Diosa es la representación perfecta de ello, y su asociación con la luna ha sido la piedra angular de varias religiones paganas. La Triple Diosa era muy venerada en las religiones y rituales neopaganos, y representa una trinidad que es la Doncella, la Madre y la Vieja, que son las fases de la madurez femenina. Cada fase es una etapa separada de la vida de una mujer, y cada una corresponde a una fase diferente de la luna. En las tradiciones paganas modernas (sobre todo en la Wicca), la Triple Diosa es la contraparte femenina del dios cornudo. Pero, en los grupos wiccanos, la Triple Diosa es la única deidad adorada.

Los Wicca ven a la Doncella como la mujer joven, virginal, que aún no ha despertado. Representa los nuevos comienzos y el intento de cosas nuevas y el encanto que conlleva. La Doncella también representa el entusiasmo de la juventud y las ideas juveniles. Por eso se la asocia con la fase creciente de la luna, cuando pasa de oscura a llena. Esta fase y otras son llevadas como coronas por las Altas Sacerdotisas de la orden Wicca. En la mitología griega, la Doncella es Perséfone y era un símbolo de pureza y del legado de nuevos comienzos.

La Madre, en cambio, es la madurez y el crecimiento. En la Wicca y otras religiones paganas modernas, la Madre es la siguiente fase de la vida de una mujer, y es la que cada una debe alcanzar. Es cuando una mujer adquiere conocimiento y se llena de emoción y se realiza sexual, emocional y socialmente. También es cuando es fértil y fecunda. La fase de la Madre es cuando una mujer crece y se convierte en la versión óptima de sí misma, donde está en la cima de su poder y proeza. Corresponde a la fase de luna llena. La Madre se desplaza en primavera y a principios de verano, que son sus dominios. Al igual que la tierra se vuelve fértil y verde en esas estaciones, también lo hace la Madre. Muchas religiones y rituales paganos no ven necesario que una mujer conciba para asumir el papel de Madre. En los mitos griegos, la Madre es Deméter y es la fuente de vida y donación del mundo.

La última etapa de la mujer y de la luna es la Vieja, cuando la mujer envejece. Como bruja, la mujer tiene sabiduría y es la representación de la oscuridad de la noche. También se la asocia con la muerte y la destrucción. Esta fase corresponde al menguante de la luna y a la muerte de la tierra. El dominio de la Vieja es el invierno y su frío, ligado a la muerte y a los últimos momentos de la vida. En los mitos griegos, la Vieja es Hécate, que es sabia y omnisciente.

La primera Triple Diosa

Diana es una antigua diosa romana, también conocida como Hécate por los griegos, y es considerada como la primera de la Triple Diosa original por muchos. Se pensaba que Diana o Hécate era las tres Diosas divinas en una. Se cree que fue representada en forma triple incluso en los primeros días de su culto, particularmente Diana. Se la consideraba Diana la Cazadora, Diana como representación de la Luna y Diana del Inframundo para representar la muerte.

Hécate se asociaba a menudo con la brujería en los primeros tiempos. Varios relatos mencionan a un grupo de brujas hablando de la Triple Diosa. La interpretación de Hécate como la Triple Diosa, que representa las fases lunares, también ha estado presente durante algún tiempo. Un filósofo romano llamado Porfirio fue el primero en hacer la conexión entre Hécate o Diana y las tres fases de la luna. Describió a la diosa maravillosamente, describiendo a la propia luna como Hécate y afirmando que ella era un símbolo de sus diferentes fases, y que sus poderes se extraían de la luna. Comparó sus tres formas con la luna como una figura vestida con sandalias blancas y doradas para representar la luna nueva, e hizo paralelismos similares con las otras fases de la luna.

El simbolismo de las fases lunares

El simbolismo de la luna ha estado presente durante milenios, y se ha dicho que sus fases afectan a los seres humanos de varias maneras. Muchas culturas creen que la luna tiene un poderoso efecto sobre nosotros y que puede afectar al comportamiento humano. De ahí surgieron términos como "lunático", que se utiliza para describir a las personas que actúan de forma extraña. El adjetivo "lunático" viene de "lunar", que en latín significa diosa de la luna. En otras culturas, los individuos creen que la luna es un dios que tiene el poder de predecir el futuro. Por ejemplo, los sacerdotes japoneses miraban el reflejo de la luna en un espejo porque pensaban que mirarla directamente les volvería locos.

Se cree que las diferentes fases de la luna significan varias cosas, cada una con una serie de valores e influencias.

Luna nueva: Es el comienzo de las fases lunares, y por eso, desde la civilización primitiva, la luna nueva representa los nuevos comienzos. En varias culturas, los centinelas vigilaban la luna nueva para anunciar el comienzo de un nuevo mes, e informaban de sus avistamientos para poder planificar el calendario lunar. La luna nueva es oscura, y esta oscuridad representa un nuevo comienzo y la vuelta a la hoja. Es el momento de levantarse y fijar objetivos para el futuro. Es el momento de planificar los logros durante las próximas fases lunares.

Luna creciente: Ahora que ha planificado el futuro y ha pensado en sus esperanzas y deseos, es el momento de declarar todas esas cosas. Tiene que declarar sus esperanzas para el nuevo mes lunar y desear lo mejor. La luna creciente representa la feminidad y el crecimiento y la prosperidad.

Creciente menguante: Se cree que la luna menguante significa la pérdida de alguien o algo con una mala influencia en su vida, y se asocia con la pérdida y el dejar ir las cosas. También se identifica con los periodos latentes y la meditación. La luna menguante simboliza deshacerse de la energía negativa en su vida y trabajar para ser mejor.

Luna creciente: Esta fase representa el desarrollo y el embarazo. Tiene que ver con el crecimiento y el pensamiento creativo. En el creciente, necesita pensar en soluciones para las cosas que le molestan y tratar de superarlas.

Cuarto creciente: Una semana después de la luna nueva, tenemos el cuarto creciente de luna. Representa la importancia de tener una ventaja para afrontar y conquistar los retos para los que no estabas preparado. También es un símbolo del momento de tomar decisiones impulsivas y actuar.

Luna gibosa: Cuando se trata de esta fase del mes lunar, es el momento de dar un paso atrás y observar detenidamente su vida. ¿Qué está haciendo bien y qué está haciendo mal? ¿Es usted feliz? Con la Luna gibosa, deberá reflexionar sobre sus acciones y corregir el rumbo si es necesario, sin preocuparse por lo que ya ha sucedido. Esta fase también está asociada a la adaptación a su situación actual.

Luna llena: La luna llena representa el poder y la pureza. Es la culminación de los objetivos y el alcance de la cima de su destreza. Por lo tanto, la luna llena representa a la Madre. La luna llena es también un símbolo de manifestación de los planes e ideas por los que has trabajado tanto. Puede que usted no vea inmediatamente el resultado que desea, pero lo está consiguiendo y está haciendo todo lo correcto.

Luna diseminada: Este es el momento del mes lunar en el que debe agradecer todo lo que tiene y todas las intenciones que le han funcionado. También simboliza la importancia de tener esperanza en el futuro.

Cuarto menguante: Esta fase tiene que ver con la curación espiritual y la llegada del momento en el que tiene que seguir adelante. El cuarto menguante de luna es cuando necesita dejar ir el dolor del pasado y los sentimientos que le han causado daño, ya sea hacia las personas o las cosas.

Luna balsámica: En esta fase final, la luna balsámica simboliza la recuperación y la curación. Es el momento de ceder y reposar, y es cuando debe dejar de hacer cuentas y ponerse en su camino. Es el momento de estar en paz. Evitar proyectar y realizar acciones que solo le perjudican. Esta fase tiene que ver con la quietud y con estar en paz.

Capítulo 2: Fases lunares: Cuándo trabajar los hechizos lunares

Las brujas y los sabios han estado utilizando el poder de la luna durante siglos, ya que entienden su inmensa fuerza y cómo pueden aprovecharla. También entienden cómo puede proporcionarles buena fortuna, orientación y éxito con su trabajo de hechizos. Vivir su vida según el ciclo lunar puede traer armonía y hacer que se sienta más feliz y con más energía. Es por eso por lo que necesita conocer las diferentes fases lunares y cómo utilizarlas a su favor.

Profundizando en el tema, necesita entender que no puede hacer hechizos lunares al azar. Cada hechizo debe corresponder a una determinada fase lunar. Por eso siempre hay que tener en cuenta la fase lunar actual antes de hacer estos hechizos. Mientras que discutimos una versión ampliada en la sección anterior, y el simbolismo asociado, ahora discutiremos las etapas enfocadas. Es generalmente aceptado que hay ocho fases principales de la luna, y es durante esas que usted debe trabajar sus hechizos. También hay fases especiales de la luna que raramente ocurren, como un eclipse lunar, y los estudiantes avanzados de brujería pueden usarlas para hechizos más poderosos.

Es necesario que crea en sí mismo y en sus habilidades antes de explorar estos hechizos, ya que solo funcionan si cree que puede canalizarlos. Como concepto general, antes de profundizar en cada fase distinta, sepa que cada una corresponde a una magia específica que practicará. Por ejemplo, al principio de un ciclo lunar, existe el periodo creciente (que se define como el punto en el que la luna se hace más grande y crece), y durante este, póngase a practicar magia positiva para atraer cosas nuevas y buenas a su vida. Las diferentes fases tendrán connotaciones específicas, que exploraremos ahora.

Luna nueva

Las fases lunares comienzan con la luna nueva, cuando se desplaza a su posición entre el sol y la tierra. Rara vez la vemos porque es el lado oscuro el que se enfrenta a nosotros en esta fase. Ocasionalmente, puede crear un eclipse solar, que ocurre cuando bloquea los rayos del sol para que no lleguen a nosotros, creando una sombra en ciertas partes de la tierra.

Esta fase de la luna es ideal para concretar un plan o lanzar una empresa. También podría tratar de obtener publicidad o presentar su trabajo al público. También es ideal para los hechizos de dinero que aumentarán su flujo de efectivo, y podría intentar otros hechizos que le llevarían a nuevas oportunidades de emprendimiento. Los hechizos de amor también son comunes durante esta fase lunar, y los relacionados con los viajes y la exploración. Recuerde que el propósito de esto es dejar de aferrarse al pasado y centrarse en nuevas metas y sueños. Concéntrese en el presente y en el futuro con sus hechizos durante la luna nueva, no en el pasado. Es el momento de que la magia le impulse a nuevos emprendimientos, en lugar de quedarse con los viejos dolores.

Los hechizos que podría probar durante la luna nueva incluyen el destierro, la adivinación, cualquier magia para nuevos comienzos y nuevas oportunidades, hechizos de superación personal y maldiciones. La luna nueva suele durar tres días y medio desde su primera aparición, que se produce al amanecer. Los temas que prevalecen son la belleza y la abundancia.

Hablando de superación personal, la luna nueva también es perfecta para explorar las partes más oscuras de su alma y tratar de manipularlas positivamente. Cada uno de nosotros tiene un lado oscuro que a menudo nos negamos a admitir o a afrontar, incluso cuando la gente nos llama la atención sobre él. Se trata de la naturaleza humana básica, que quiere mantener ocultos y escondidos nuestros defectos y los lados oscuros de nuestra personalidad. En lugar de reprimir esas partes siniestras, puede utilizarlas para el bien y mejorar su vida durante la luna nueva. Mire dentro de sí mismo y encuentre los defectos que sabe que están ahí, pero que mantiene enterrados. ¿Se le da bien ver los defectos e inseguridades de la gente? Entrénese para utilizar esa habilidad para buscar las cualidades y los buenos rasgos de las personas. Tal vez pueda hablar para salir de cualquier problema. Piense en formas saludables de controlar esa cualidad, como salir adelante en su trabajo sin causar problemas ni herir a la gente.

Lo último que hay que recordar sobre la luna nueva es que es ideal para establecer nuevos planes para el futuro, como mencionamos cuando hablamos de su simbolismo anteriormente. Establezca objetivos a corto plazo durante esta etapa para el próximo ciclo. Planifique por meses; ¿Cómo desea que sean los próximos 30 días para usted? ¿En qué sueños quiere trabajar durante este periodo? Esto es ideal para los comienzos, ya sea en el amor o en los negocios o incluso en una búsqueda social.

Idea de ritual de luna nueva: dado que esta fase del ciclo lunar tiene que ver con la comodidad y los nuevos comienzos, este sencillo ritual puede realizarse en su casa. Antes de comenzar, debe asegurarse de que su espacio está limpio y organizado. Así que comience por organizar para preparar el ritual. Podría encender una vela o quemar salvia para ambientar, poner música relajante y tener cerca un bolígrafo y papel sagrado para poder escribir.

El segundo paso de este ritual es conectar con la fuente de energía divina con la que más se relaciona, en este caso, la Madre Luna, o cualquiera de las otras deidades que la representan. Invóquelas y hónrelas en la preparación. Ahora que todo está preparado, siéntese, relájese y escriba los detalles que desea para su futuro y explore sus sueños para esta próxima fase de su vida. Ya sea una oportunidad de trabajo, el amor o cualquier esfuerzo, escríbalo. El siguiente paso es leer esos deseos en voz alta. Este es un paso crucial porque conocer las cosas que desea que sucedan en la vida, y los sentimientos que le embargan durante este paso son importantes para la manifestación.

Finalmente, después de declarar sus deseos, siéntese en silencio y medite. Visualice sus esperanzas y aspiraciones, haciéndose realidad y sucediendo. Este ritual puede hacerse solo, o puede invitar a sus compañeros brujos a unirse a usted.

Luna creciente

Esta segunda fase del ciclo lunar se denomina luna creciente. Es cuando la luna se desplaza hacia el este en el cielo. Se puede decir que es el creciente cuando se ve una pequeña parte después de la luna nueva, y parece seguir creciendo cada noche. A veces es posible ver el resto, pero estará oscuro debido a un fenómeno conocido como brillo terrestre, que es cuando la tierra refleja la luz del sol a la luna.

En esta fase, debe centrarse en sus intenciones y en las acciones necesarias para hacerlas realidad. Podría escribir sus objetivos para el futuro y leerlos cada día para recordar por qué lo hace. El creciente es un momento de concentración y disciplina, y de preparación para el siguiente paso de sus planes. Durante esta fase, el brillo y el poder de la luna crecen, al igual que los suyos. Así que desea aprovechar esta energía lunar y cosechar sus recompensas y su fuerza.

El trabajo de hechizos durante este punto suele centrarse en la energía positiva, y el creciente es ideal para la magia de atracción y protección. Los hechizos potenciales aquí incluyen la protección, la curación, la riqueza, el éxito, la amistad, la suerte, la superación personal o la belleza interior. Puede lograr mucho durante esta fase lunar, y es un momento para la autorreflexión y el trabajo hacia sus objetivos y sueños futuros. El creciente llega de 3 a 7 días después de la luna nueva, y su tema principal es la manifestación.

Idea de hechizo para el cuarto creciente: puede probar la magia de baño en esta parte del ciclo. Podría utilizar elementos que ya tiene, como el agua y la sal, que son componentes de limpieza que se pueden utilizar en este ritual. Por lo tanto, prepare un baño y añada sales de baño o de mar, lo que tenga a su disposición. También puede encender velas para ambientar y preparar el entorno. Después, el ritual es tan sencillo como darse un baño. Mientras lo hace, imagine que todas sus intenciones y objetivos se manifiestan antes de visualizarlos. También piense en cualquier cosa que le esté frenando y deje que esos obstáculos se vayan por el desagüe mientras se limpia.

Cuarto creciente

Esta siguiente fase se produce cuando solo se ve la mitad de la luna iluminada. Se llama cuarto creciente porque, en este momento, se ha completado un cuarto del ciclo lunar. Dependiendo de la ubicación del mundo, la gente puede ver distintas mitades de la luna iluminadas, por lo que usted podría encontrar la mitad derecha, y otra persona en otro país podría ver la mitad izquierda. Esta es una fase crítica del ciclo, y en ella ocurren muchas cosas.

En el cuarto creciente, es el momento de enfrentarse a los obstáculos y desafíos que se presentan en su camino. Mientras que la luna creciente tenía que ver con la autorreflexión y el desahogo, el cuarto creciente tiene que ver más con la atracción de cosas hacia usted. Concéntrese en los elementos que importan en esta fase y en alcanzar sus objetivos. Se acerca la luna llena y tiene que estar preparado. El cuarto creciente es también el momento en el que hace cambios en su plan y trabaja en torno a cualquier desafío que pueda enfrentar.

Necesita utilizar la fase del cuarto creciente para atraer los puntos que desea en la vida como amigos, dinero y amor utilizando hechizos. Otros hechizos que funcionan durante esta fase son principalmente de magia creativa, incluyendo la adivinación, el crecimiento, la motivación y la fuerza. El tema de esta fase es la suerte, y llega entre 7 y 10 días y medio después de la luna nueva.

Idea de ritual para el cuarto creciente: como el cuarto creciente es el momento de revisar su progreso y enfrentar los desafíos de su viaje, puede hacer un ritual de agua sagrada aquí. Para hacer el agua sagrada de la luna, necesitará un vaso de agua de manantial, sal natural y un trozo de incienso quemado. Añada la sal y el incienso al agua después de soplarla. Prepare dos vasos iguales de agua sagrada, colóquelos en su altar y comience el ritual. Medite y revise sus intenciones para ver a dónde le ha llevado su viaje hasta ahora.

Gibosa Creciente

Se trata del tiempo que transcurre entre el cuarto creciente y la luna llena. La palabra creciente implica que la luna está creciendo en tamaño, lo cual es así, mientras que gibosa es para significar su forma, y eso se traduce en gibosa creciente como "forma creciente". La iluminación de la luna sigue creciendo durante esta fase del ciclo lunar hasta que se ilumina, lo que marca el inicio de la siguiente fase.

Las cosas deberían salir bien, y usted debería sentirse con más energía y perseguir sus sueños y deseos. La energía de la luna le guiará aquí, y verá cómo sus esperanzas y aspiraciones se hacen realidad. Necesita creer que las cosas están funcionando para usted y que las buenas obras están llegando a su camino. Sin embargo, esta fase también es de paciencia. Las cosas tomarán forma, pero no debe precipitarse el resultado. En lugar de ello, concéntrese en atar los cabos sueltos y en el desarrollo, para que pueda lograr resultados óptimos.

En cuanto a los hechizos, la luna creciente es ideal para la magia constructiva que puede nutrir y desarrollar aquello por lo que ha estado trabajando. Puede que se sienta agotado en este momento y con poca energía, pero puede aprovechar el poder de la luna para aumentar su poder y confianza. Puede hacer hechizos de salud, éxito y motivación en esta etapa, y magia de crecimiento. El mejor momento para trabajar en hechizos en esta etapa es entre las 10 y las 11 de la noche, cuando tendrá la mayor asistencia de las deidades divinas. Puede esperar ver una gibosa creciente de 10 a 14 días después de la luna nueva.

Idea de ritual de gibosa creciente: como hemos mencionado, esta es la última fase antes de la luna llena, así que es el momento de revisar sus intenciones. Léalas en voz alta a la diosa de la luna y reafírmelas. Ya ha plantado las semillas, y es el momento de comprobar las alineaciones que se están produciendo para que su plan funcione. Este hechizo o ritual puede ayudarle a ver las señales del universo de que está en el camino correcto. Necesita mezclar (en el sentido de las agujas del reloj) el incienso, un anís estrellado y dos pizcas de romero seco con un mortero. Cuando los ingredientes sean un polvo fino, pida a las deidades que le guíen y al universo que le dé señales claras y fuertes que le influyan en su camino.

Luna llena

Esta fase se produce cuando la cara de la luna está completamente iluminada por el sol. La luna llena se produce cuando el sol y la luna están en lados opuestos de la tierra. En teoría, la luna totalmente iluminada por el sol dura unos instantes, pero también decimos que es una luna nueva porque lo parece, aunque realmente no lo es.

En esta fase, está radiando con las energías más potentes durante el ciclo lunar, y es el momento de atraer todo lo bueno hacia usted. También es el momento de sanar los dolores emocionales del pasado. Para muchas brujas, la luna llena es el momento en el que más magia se puede realizar, ya sea constructiva o destructiva. Podría desterrar energías e influencias no deseadas de su vida en esta fase, realizar magia de adivinación y crear hechizos de protección.

Debe priorizar durante este momento crucial. Las energías de la luna están en su punto álgido, y no puede desperdiciar tal intensidad en hechizos menores o en búsquedas sin importancia. Debe centrarse en sus objetivos y sueños más importantes y en cómo alcanzarlos. Por lo tanto, utilice la fuerza de la luna llena para las cosas que importan en su vida. Todo debería salir bien en esta fase, después de los preparativos y el esfuerzo durante los ciclos anteriores. Durante la luna llena, puede celebrar el éxito tras encontrar el amor o conseguir el trabajo que deseaba. Sin embargo, es posible que no salga como desea. Independientemente de cómo resulte, necesita aceptarlo como lo que es y seguir adelante.

Recuerde que la luna llena le guía en esta fase, por lo que su intuición es más aguda que en otros momentos del ciclo lunar. Por lo tanto, sea consciente de sus pensamientos y sueños y enfóquese en el camino que quiere tomar porque un poder superior le está guiando. Puede realizar magia de amor y de curación durante la luna llena, y hechizos de adivinación, destierro, sueños y espiritualidad. El tema de esta fase es el poder, ya que las fuerzas que actúan aquí se intensifican en comparación con las otras fases.

Idea de Ritual de Luna Llena: es el mejor momento para la adivinación y las lecturas, ya que ve los frutos de su trabajo cuando es luna llena. También es un momento ideal para comunicarse con los espíritus y las deidades, ya que el poder de la luna aumenta sus sentidos. Por eso se siente con energía cuando es luna llena, y no necesita dormir tanto. Considere lo que está dispuesto a recibir. Puede sentarse con la vista puesta en la luna llena y comenzar el ritual. Centre toda su mente y su alma en la luna, y siga mirándola hasta que los dos se conviertan en uno. En este profundo estado de meditación, concéntrese en sus intenciones y en recibir la guía de la diosa. ¿Recibió lo que esperaba? Entonces dé las gracias. Si no es así, también dé las gracias y piense en lo que podría cambiar. Una vez que haya terminado, necesita conectarse a tierra; comer algo pesado ayuda en este caso.

Giboso menguante

A diferencia del creciente, que significa crecimiento, el menguante significa disminución. Por lo tanto, la forma de la luna está disminuyendo aquí, y la iluminación está retrocediendo. Esta etapa dura hasta que la luna queda medio iluminada. Las energías de la luna repelen más que atraen, lo que hace que esta sea la oportunidad perfecta para trabajar en hechizos de destierro y otros para eliminar cosas de su vida con una influencia negativa. También podrá hacer hechizos para acabar con relaciones tóxicas o con negocios infructuosos. Aparte de los hechizos, la luna gibosa menguante es un buen momento para limpiar su espacio vital, cuidar el jardín y ordenar sus herramientas y objetos mágicos.

Concéntrese en las cosas que le impiden alcanzar sus objetivos en esta fase y en los elementos que pueden estar drenando su energía. Tómese un momento para pensar en sus intenciones y en el lugar al que le han llevado sus acciones pasadas. ¿Es aquí donde quiere estar? Si no es así, ¿Qué es lo que le impide llegar hasta allí?

¿Cuál ha sido la influencia más significativa en su vida hasta ahora en su viaje? Estas preguntas le ayudarán a pensar en los cambios que necesita hacer. La luna menguante también puede ser un momento para dar un paso atrás y descansar un poco, ya que la luz de la luna se está desvaneciendo y rindiéndose a la oscuridad de la noche.

Aquí se recomienda la magia de limpieza. Puede realizar eliminaciones de maldiciones, hechizos de limpieza, deshacer ataduras, eliminar la negatividad y hechizos que le ayuden a obtener los resultados que desea. Sin embargo, sepa que el trabajo de hechizos que haga aquí no necesita ser dirigido a una persona u objeto, sino que puede ser aplicado a usted mismo. En lugar de tratar de desterrar a un amante tóxico de su vida, trate de deshacerse de sus sentimientos por ellos o sus inseguridades y dudas. Empoderarse a sí mismo puede funcionar mucho mejor que tratar de influir en las acciones de los demás, y también puede ser más ético. Lo mejor es trabajar las auras negativas que le rodean y sus percepciones y dudas sobre su autoestima.

Idea de ritual de giboso menguante: Necesita escribir una lista de todos sus miedos, problemas e inseguridades para poder hacer este ritual. Algunas brujas llevan este papel a una encrucijada y se deshacen de él, pero no es necesario que lo haga. En su lugar, podría quemarlo y, con ello, entregarse al poder de la luna mientras destierra y abandona esas dudas que le impiden avanzar y conseguir lo que necesita y merece.

Cuarto menguante

El cuarto menguante de luna es la antítesis exacta del cuarto creciente. La mitad opuesta de la luna está iluminada. También es la etapa que marca que el ciclo lunar se ha completado en tres cuartas partes y está a punto de terminar. Este es otro momento oportuno para afrontar los obstáculos y desafíos que se interponen en su camino. Esta fase lunar puede ayudarle a superar los obstáculos del camino ayudado por la energía de la luna.

Puede utilizar el cuarto menguante para dejar ese trabajo que lleva meses odiando y deseando abandonar, hacer los últimos pagos, despedir al personal, deshacerse de las cosas que no necesita y devolver las pertenencias a sus legítimos dueños. También puede aprovechar esta etapa para obtener el apoyo de alguien que pueda ofrecerle orientación, como un asesor espiritual o un planificador financiero. Escuche lo que le digan y siga sus consejos, porque puede ser el punto de inflexión que necesita. No se rinda y siga trabajando en sus objetivos y medite para visualizar que sus sueños se hacen realidad.

El tercer trimestre es un buen momento para practicar la adivinación para ver qué le depara el mes siguiente. Cuando la luna se desvanezca, utilice la magia para despejar los obstáculos a los que se enfrenta y deshacerse de cualquier influencia negativa. Puede utilizar hechizos para deshacerse de adicciones, enfermedades, dolencias y cualquier emoción que le impida conseguir las cosas que desea. También podría realizar hechizos de protección, romper maldiciones y hacer magia para la salud y los sueños en esta fase.

Idea de ritual del tercer cuarto: durante esta etapa lunar, puede tomar un baño ritual de limpieza mientras quema incienso o hierbas para poder limpiar lo que necesita dejar ir y liberar las energías negativas y desterrar las influencias dañinas.

Creciente menguante

Esta es la fase final del ciclo lunar, y comienza cuando el sol ilumina menos de la mitad de la luna, que continúa hasta la Luna Nueva. Durante esta fase también se pueden notar los efectos de la luz terrestre. El creciente menguante termina cuando el sol y la luna salen simultáneamente, lo que marca el inicio de un nuevo ciclo lunar con una Luna Nueva. También conocida como la luna balsámica, el creciente menguante es un momento de restauración y curación. Es el momento del ciclo en el que su energía disminuye, pasando de ser dinámica a ser tranquila y reflexiva. Puede aprovechar este momento para reflexionar sobre el ciclo anterior y lo que ha ocurrido. Piense en las cosas que ha aprendido y en los cambios que se han producido. Tenga en cuenta estas lecciones al prepararse para el siguiente ciclo lunar.

Durante esta fase, la magia de destierro se considera más poderosa. Por lo tanto, es el momento de deshacerse de cualquier cosa que le preocupe, ya sea el desorden en su casa o los sentimientos pesados que le agobian. También es el momento de poner fin a las relaciones tóxicas para poder centrarse en sí mismo y en su recuperación. Medite, cuídese, y tómese esta fase para recuperarse, descansar y recargar su energía.

Puede lanzar hechizos para deshacerse de las influencias negativas en esta fase, y hechizos para eliminar los obstáculos y traerle paz mental. Utilice la magia para hacer frente a situaciones como el divorcio, la separación, deshacerse de los acosadores, y la protección. Recuerde que esta etapa es para encontrar el equilibrio y frenar para reflexionar sobre el pasado y resolver para ayudarle a seguir adelante. Aproveche este momento para despedirse de las cosas que le retienen y que ya no tienen un propósito significativo en su vida.

Fases especiales

Como hemos mencionado anteriormente, hay fases especiales del ciclo lunar. Algunas de ellas no ocurren todos los meses, mientras que otras sí. Debe entenderlas y la magia que puede practicar.

Luna oscura: La luna oscura ocurre en la víspera de la luna nueva, y se considera que es el último día de un ciclo lunar completo. La luna oscura se asocia a menudo con los aspectos más oscuros de la diosa de la luna que pertenecen a la muerte y la destrucción, por lo que es ideal para la magia destructiva. Se pueden hacer maleficios, maldiciones, destierros, divorcios, separaciones y hechizos de protección. Son significativamente más poderosos si se lanzan durante una luna oscura, amplificados por esta parte del poder de la fase lunar. Es mejor canalizar estas energías oscuras hacia la autorreflexión y la reconstrucción. Puede utilizar este poder para hacer rituales de curación y limpieza. También es un buen momento para meditar y realizar rituales de adivinación para intentar vislumbrar su futuro y ver lo que le espera.

Eclipse lunar: Los eclipses lunares no se producen a menudo, y es una fase lunar que rebosa de poder mágico, por lo que nunca debería perder esta oportunidad. Los eclipses lunares se asocian a menudo con el cambio, y simbolizan cambios importantes en su vida. Esos cambios pueden acercarle a sus objetivos y sueños. Un eclipse lunar suele ocurrir una vez al año, cuando los poderes del sol y la luna se conectan y crean armonía y equilibrio entre las energías divinas femeninas y masculinas. Esta unión entre esos dos poderes opuestos puede apoyarle para hacer magia poderosa que le permitirá lograr cosas que nunca pensó que fueran posibles.

Hay algunos que creen que los eclipses lunares son una manifestación de las energías de cada fase lunar porque el eclipse comienza con una luna llena que va menguando hasta oscurecerse. Después, se manifiesta la plata de la luna nueva, y la luna menguante vuelve a ser llena. Así que se puede decir que tiene las energías de las diferentes fases a la vez. Puede hacer todo tipo de hechizos mágicos aquí, y serán potentes y poderosos. Recuerde que debe tener en cuenta el tiempo cuando realice rituales durante un eclipse lunar, ya que las fases variarán según el lugar donde se encuentre. Por lo tanto, mantenga un ojo en las horas locales de inicio y finalización cuando planifique este ritual. Los hechizos que puede realizar durante un eclipse lunar incluyen dinero, relaciones, curación, riqueza, protección y adivinación.

Luna azul: Siempre que hay dos lunas llenas en un ciclo lunar, la segunda se llama Luna Azul. Algunos creen que la luna azul es mucho más poderosa que la luna llena, y se utiliza para hacer hechizos poderosos y significativos. Una Luna Azul solo ocurre cada 2,5 años, y suele caer en un mes diferente cada año. Tenga cuidado cuando practique magia durante esta fase especial de la luna porque el resultado podría ser exponencialmente más efectivo de lo que predijo.

Muchas brujas creen que la Luna Azul es un momento en el que el velo entre nuestro mundo y el de los espíritus es muy fino, lo que puede facilitar cualquier comunicación entre ambos mundos. Durante este tiempo, tendrá poderes elevados y claridad, y por eso es ideal para la adivinación. Su magia se amplificará, y lo más probable es que sus habilidades psíquicas también estén en su punto álgido. Así que aproveche esta rara oportunidad para sacar provecho del poder de la luna y utilizarlo en su beneficio. Los hechizos y la magia que se producen durante la Luna Azul suelen tener consecuencias a largo plazo, así que recuerde siempre eso y no utilice un hechizo cuando no esté seguro de sus efectos.

Es ideal para plantar nuevas semillas e ideas que puedan ayudarle a avanzar hacia sus sueños porque tendrán efectos a largo plazo, y verá cambios significativos en su vida. La meditación es muy recomendable durante esta fase lunar, al igual que la adivinación, debido a sus poderes y habilidades aumentadas.

Capítulo 3: Lanzamiento de hechizos lunares: Herramientas y preparación

El lanzamiento de hechizos es un proceso intrincado que requiere una comprensión del mundo de la magia y, lo que es más importante, tener las herramientas necesarias para realizar rituales y hechizos. Para algunos, puede ser un proceso fácil, mientras que, para otros, es muy complicado. En este capítulo, cubriremos las herramientas y objetos que necesitará para realizar hechizos y cómo debe prepararse. Una vez que comprende los objetos básicos que necesitará, y los opcionales, el lanzamiento de hechizos se centra más en la magia que en la búsqueda de herramientas e ingredientes. Necesita ciertos objetos sin los que no puede realizar sus hechizos, que exploraremos durante este capítulo para los hechizos lunares. Una bruja también necesitará prepararse para realizar estos hechizos y preparar su mente, cuerpo y espíritu para adentrarse en la magia y el lanzamiento de hechizos, que también cubriremos en este capítulo.

Herramientas para el lanzamiento de hechizos

Entonces, ¿cuál es el objetivo de estas herramientas y artículos? Los wiccanos creen que estas herramientas se utilizan en los rituales para honrar a las deidades y canalizar las energías psíquicas de la luna para ayudar a realizar una determinada acción. Estas son las herramientas más comunes que una bruja necesita para lanzar hechizos y realizar rituales.

Altar

El primer elemento del que hablaremos es uno básico que cualquier bruja necesita tener. El altar es un espacio sagrado en el que guardará todas sus herramientas e ingredientes rituales. Más importante aún, el altar se utiliza como espacio de trabajo cuando realice y haga hechizos. Mucha gente suele utilizar una mesa como altar, pero eso puede no ser ideal si quiere un altar móvil. Varias brujas utilizan un estuche portátil para utilizar un altar, y pueden guardar sus herramientas e ingredientes en algo tan simple como un cajón.

La importancia de un altar va más allá de tener un espacio para guardar sus herramientas y realizar los rituales. El altar se utiliza a menudo para conectar con las deidades que lo guiarán en su ritual, por lo que los altares siempre han sido importantes en los rituales paganos. La gente le da tanta importancia a los altares que tiene más de uno en casa, cada uno para una determinada ceremonia o ritual.

No hay una forma correcta de montar un altar; es su espacio mágico, y puede hacer con él lo que quiera y montarlo como quiera. A los practicantes les gusta añadir toques decorativos, como un pañuelo especial o una funda para el altar. En cuanto al material del altar, utilice madera, cerámica o piedra porque estos elementos enraízan la energía, y también puede grabar en ellos cualquier símbolo o inscripción ritual.

Accesorios para altares

No basta con comprar un altar y empezar a realizar rituales. Necesita conseguir los objetos y accesorios que va a utilizar con el altar. Esto comienza con portavelas para todos los rituales en los que encenderá velas para ambientar y lanzar un hechizo. También necesitará quemadores de incienso porque muchos hechizos requieren la quema de incienso. Es posible que se necesite cristales y jarrones para las flores. Algunos de estos artículos no se utilizan para la magia en sí, pero dan a los artículos mágicos que utiliza su potencia, y también crean un espacio hermoso y sagrado para practicar sus rituales y lanzar sus hechizos.

Athame y otras cuchillas

Una de las herramientas esenciales para realizar hechizos es una cuchilla, comúnmente llamada *athame* en brujería. Suele venir con un mango negro y está hecho de metal puro; no se supone que sea un cuchillo para cortar hierbas ni que se utilice como un cuchillo normal, por lo que no se afila, ya que no tiene usos prácticos. El athame se utiliza para indicar direcciones, dirigir la energía y cortar una salida del círculo de forma segura sin comprometer su energía. Se cree que esta hoja representa la energía masculina y el elemento aire.

Un athame también puede usarse como varita. Para cortar hierbas se utiliza otra hoja, llamada *boline*, que tiene forma de luna creciente y viene con un mango blanco. El boline también se utiliza para inscribir velas. A veces, para las brujas más avanzadas, se utiliza una espada para marcar círculos sagrados de gran importancia y tamaño. Pero normalmente solo la gran sacerdotisa de un aquelarre puede utilizarla.

Buril

Un buril no es exactamente una cuchilla; es una pequeña herramienta con una punta fina utilizada por las brujas para grabar palabras y símbolos en velas, madera y otros objetos mágicos. Puede fabricarse con cualquier material que se desee, como alfileres o clavos o cualquier otro elemento similar.

Varitas

Una varita puede estar hecha de cualquier material natural, aunque lo más común es que esté hecha de madera, roca o metal. Simboliza el elemento Aire, y en algunas tradiciones, el Fuego, y se utiliza a menudo para convocar entidades e invocar deidades. Una varita también se utiliza para dirigir la energía, bendecir algo y consagrar espacios sagrados u objetos mágicos.

La Escoba o escobilla

Esta es una de las herramientas de lanzamiento de hechizos más personales. Puede tener una hecha a medida con las ramitas de un árbol de su elección o hacerla usted mismo. No se utiliza una escoba o escobilla para barrer y limpiar la suciedad; se utiliza para limpiar las energías negativas y eliminar las malas influencias, por lo general antes del trabajo de hechizo. Para utilizar una escoba o escobilla, barra suavemente la habitación en el sentido de las agujas del reloj, libérala de cualquier energía negativa, abra la puerta, lance la energía al exterior y cierre la puerta después. Muchas brujas consideran que sus escobas son sagradas, y muchas creen que nunca deben tocar el suelo. Algunas utilizan la escoba o escobilla en las danzas estacionales de la fertilidad o con otras tradiciones.

Campanas y cascabeles

En muchas civilizaciones antiguas, hace cientos de años, utilizaban campanas para alejar a los espíritus malignos y oscuros. También se creía que las vibraciones procedentes de una campana eran fuente de gran poder. Las campanas se utilizaban para invocar a los espíritus, no solo para desterrarlos. Si se toca una campana en la esquina de una habitación, se alejan las energías oscuras y la presencia del mal. También se pueden utilizar sonajas y cuencos tibetanos para aportar paz y armonía a un espacio sagrado o limpiar un ritual mágico.

Grimorio

Un libro de sombras o grimorio es otra herramienta importante en el arsenal de una bruja. Es un cuaderno en el que se anotan y documentan las prácticas mágicas y el trabajo con hechizos. Cada bruja escribe su grimorio, y suele ser la crónica de todo lo que ha aprendido en su viaje, incluyendo hechizos, rituales, invocaciones, cartas lunares y una lista de deidades y panteones. Aunque el libro de las sombras es una herramienta muy personal que las brujas mantienen en privado y a buen recaudo, a veces puede pasarse de unas a otras, aunque normalmente permanece dentro de la familia.

Velas

Las velas son una parte indispensable de la brujería, y las brujas deben tener siempre acceso a ellas. Afortunadamente, las velas son baratas y se pueden encontrar fácilmente en cualquier lugar. Además, llaman poco la atención, lo que facilita a las brujas la práctica de su magia. Incluso hay ramas de la magia dedicadas a las velas y a los hechizos que se pueden hacer con ellas. Las velas pueden invocar deidades, para la manifestación, y varios otros hechizos. Representan el elemento Fuego en los hechizos y rituales, y a menudo simbolizan al dios y a la diosa en Wicca. Otro uso de las velas es en el trabajo de hechizos, donde se utilizan para absorber la energía de la bruja y luego liberarla mientras la vela se quema.

Cáliz

Un cáliz o una copa no es necesariamente una herramienta para hacer hechizos, pero muchas brujas creen que es un símbolo de la diosa o de su vientre. También es un símbolo del elemento Agua. Hay ciertas similitudes entre el cáliz y el Santo Grial, aunque, en la brujería, su simbolismo es muy diferente. No representa la sangre de Cristo, sino el vientre de la diosa. Puede llenarse con vino o agua y pasarse alrededor de un grupo de brujas que practican la magia, o puede ser vino ofrecido a la diosa.

Caldero

A pesar de su uso un tanto cómico en películas y dibujos animados, un caldero es una herramienta esencial para la brujería y la elaboración de hechizos. Se utiliza para quemar incienso y hierbas, preparar pociones, realizar adivinaciones con agua para mejorar las visiones y ver otros reinos, y hacer ofrendas. Este recipiente de tres patas suele ser de hierro fundido. El caldero también puede contener grandes velas de pilar. Muchos calderos modernos son portátiles y pueden trasladarse fácilmente.

Brújula

Reconocer los cuatro puntos cardinales es a menudo un requisito previo para muchos hechizos y rituales. No todas las brujas tienen un excelente sentido de la orientación, por lo que una brújula a veces resulta fundamental durante el trabajo de hechizos. Le ayudará a orientarse en la dirección correcta para poder aprovechar las energías adecuadas y alinearse correctamente.

Cristales

Los cristales son otro elemento esencial para hacer hechizos y realizar magia. Contienen en su interior la energía de la tierra, cada uno con una frecuencia única que le permite vibrar a un nivel diferente. Los cristales tienen diferentes propósitos, y necesitará usar los adecuados para el hechizo que está haciendo. Los cristales se utilizan para la curación, mientras que otros se utilizan para la manifestación. Generalmente, los cristales son también grandes para la meditación. Recuerde elegir uno dependiendo de sus intenciones para el trabajo de hechizo. Debe limpiar regularmente sus cristales, y lo más importante, recargarlos ya sea durante la luna llena o enterrándolos en la tierra mientras duerme por la noche.

Ropa

No hay un código de vestimenta uniforme para hacer magia, pero las brujas tienen preferencias personales con su atuendo cuando realizan hechizos o rituales. Muchos creen que los colores pueden afectar el flujo de las energías y cómo se mueven, por lo que muchas brujas visten de negro durante los rituales para no dispersar ninguna energía o causar distracción. También podría usar ropa ritual como una capa, una túnica o una máscara para que pueda lograr la mentalidad correcta para realizar la magia que necesita.

Las joyas son comunes durante los rituales y el lanzamiento de hechizos, especialmente para los wiccanos. Muchas brujas y practicantes llevan joyas que muestran pentáculos u otros símbolos paganos y religiosos durante los rituales y el lanzamiento de hechizos, y también pueden llevarse durante la vida cotidiana. En varias formas de Wicca, la gente lleva un collar con un círculo para significar el círculo del renacimiento.

Herramientas de adivinación

La adivinación es una de las prácticas esenciales para las brujas, y necesitará ciertas herramientas para practicar la adivinación. Comience con una bola de cristal, cartas de oráculo, cartas de tarot, espejos de adivinación y péndulos, porque cada uno de ellos tendrá un uso muy importante al realizar la adivinación. Utilizará estos artículos para ver el futuro, recibir mensajes e información de deidades y poderes místicos, confirmar su intuición sobre algo y comunicarse con sus guías a nivel psíquico. No utilizará necesariamente esas herramientas; la mayoría de las brujas no lo hacen; solo utilizan una o dos. Usted solo necesita encontrar ciertas herramientas de adivinación que pueda dominar y seguir practicando hasta que perfeccione su don con esas herramientas.

Lanza

Aunque la lanza no es un elemento esencial para el lanzamiento de hechizos, sigue siendo una de las herramientas de brujería más populares para muchos wiccanos. Se cree que representa al Dios de los Cuernos en los rituales que lo invocan. Por eso varios rituales Wicca tradicionales requieren esta lanza.

Hierbas

Ya hemos mencionado las hierbas varias veces, y eso es porque juegan un papel muy importante en el lanzamiento de hechizos. Las hierbas contienen la energía de la tierra, cada una con su firma e importancia únicas. Las hierbas se pueden utilizar en muchos hechizos, y también se pueden utilizar como incienso, en el sahumerio, y para la brujería de la cocina, y en los baños y otros rituales de autocuidado. Siempre es una buena idea tener un mortero y una mano de mortero si va a trabajar con hierbas, porque le ayudarán a machacarlas y a mezclarlas en polvo.

Bolígrafo y papel

Notará que varios hechizos requieren que la bruja escriba algo, como sus sueños, deseos o emociones de las que quiere deshacerse. Por eso siempre debe tener bolígrafo y papel cerca para estos casos. Quemará papeles si está haciendo ciertos hechizos, y para otros, no hará nada con el papel. Por lo tanto, tenga en cuenta el papel que obtiene para sus hechizos. Algunos tipos se queman más rápido que otros, mientras que otros ni siquiera deberían quemarse. En cuanto a los bolígrafos, deberá tener unos cuantos a mano e incluir varios colores porque la magia de color así lo exige. Las brujas recomiendan cargar el papel o el bolígrafo agitándolos a través del humo del incienso, preferiblemente durante las fases en las que la energía procedente de la luna está en su punto máximo.

Incienso

También mencionamos el incienso varias veces, ya que es otro elemento básico para hacer hechizos que siempre se necesita. El incienso es una herramienta poderosa que puede enfocar sus energías e intenciones para la manifestación. También puede meditar con el incienso, ya que ayuda a canalizar su energía y enfocar sus pensamientos y sentimientos. El incienso también es crucial para los rituales de limpieza y las bendiciones de un espacio. Puede utilizarlo para purificarse a sí mismo y a los demás miembros de un círculo mágico. El incienso suele presentarse en diferentes formas y olores. Puede venderse en conos o en varillas, y las distintas fragancias pueden servir para diferentes hechizos o rituales.

Pentáculo

Muchas personas confunden los pentagramas y los pentáculos, y la diferencia puede ser confusa. El pentagrama es una estrella de cinco puntas, y el pentáculo es lo mismo, pero la estrella está encerrada en un círculo. En el pentáculo pueden grabarse otros símbolos, pero el pentagrama es el más utilizado. Es un amuleto protector que suele estar hecho de madera, pero también puede estar hecho de cera, metal o arcilla. Algunas brujas creen que el pentáculo representa el elemento Tierra, y se utiliza en los altares para diferentes propósitos como bendecir objetos y herramientas. También se utiliza para cargar objetos, como cristales o cálices.

Cuenco de ofrendas

Algunas brujas siguen un camino religioso, y ofrecen sacrificios u ofrendas a sus deidades. Si va a hacer eso, necesitará un cuenco de ofrendas en el que colocar esas ofrendas a los dioses y diosas.

Calendario lunar

Por último, cualquier bruja que quiera realizar hechizos durante las fases lunares debe tener un calendario lunar, también conocido como almanaque, con las fases detalladas de la luna. Esto le ayudará a preparar los hechizos y rituales que quiera realizar a lo largo del mes, ya que, como hemos mencionado anteriormente, no se deben hacer hechizos al azar. Cada hechizo debe ser lanzado en el momento exacto, para que obtenga el resultado deseado.

Preparación para los hechizos

La herramienta mágica más poderosa es usted. Los hechizos tienen que ver con su energía, creencia y fuerza de voluntad. Es por eso por lo que usted tiene que prepararse espiritual y mentalmente para el lanzamiento de hechizos, para que logre el resultado deseado. Esto es lo que puede hacer.

1. Preparativos

El tiempo: No se puede despertar de la siesta de la tarde y empezar a inventar hechizos. Necesita prepararse primero, y tiene que estar en un cierto estado de ánimo. Lo primero que tiene que hacer es seleccionar un momento apropiado para el hechizo. Revise su calendario lunar y seleccione el mejor momento de la noche para lanzar su hechizo, cuando los poderes de la luna están en su apogeo y listos para ser aprovechados. Cuanto más preciso sea el momento, más potente será su hechizo.

Ubicación: La segunda cosa que necesita pensar es el lugar en el que va a preparar su hechizo. A veces, el éxito del ritual dependerá de la ubicación. Tiene que encontrar un lugar donde pueda estar sin ser molestado para que pueda concentrarse y canalizar su energía, en algún lugar calmante. También es preferible que los rituales y hechizos se hagan al aire libre, donde el entorno sea natural y esté cerca de la tierra. A veces puede no ser fácil encontrar un lugar al aire libre. Si es así, intente acercarse lo más posible a la naturaleza. Por último, asegúrese de que dispone de espacio suficiente para su ritual.

Revise el hechizo: La primera vez que lee un hechizo no debe ser la primera vez que lo realiza. Tómese el tiempo para revisar el hechizo y familiarizarse con él. No lo aprenda de memoria, sino que debe venir a usted naturalmente y fluir sin problemas. No quiere ponerse nervioso u olvidarse mientras hace el hechizo o el ritual porque esto afectará el resultado.

Preparar las herramientas: Después de revisar el hechizo y entender las herramientas que necesitará, recójalas y prepárelas para el ritual. No espere hasta el último momento porque no quiere desperdiciar su ventana cuando se trata de la alineación lunar. Prepare las herramientas y el espacio para el ritual de antemano y asegúrese de que todo lo que va a necesitar está a su alcance.

2. Cuidado personal

Usted es la herramienta mágica más importante, y necesita prepararse para cualquier ritual o hechizo que vaya a realizar. Antes de realizar los hechizos, recuerde comer comidas ligeras y aperitivos en las horas previas. No desea que la comida le pese o le dé sueño. Necesita estar centrado y enfocado para que pueda obtener los mejores resultados de su magia y hechizos.

Además, medite. Esto le ayudará a despejar su mente y le pondrá en la mentalidad correcta para practicar la magia. Tómese el tiempo para lograr esto meditando y centrándose. Atenúe las luces, ponga música relajante, encienda velas y cierre los ojos. Concéntrese en deshacerse de cualquier energía negativa y encuentre su centro. Tómese su tiempo porque meditar puede ser la diferencia entre un ritual exitoso y uno fallido.

También puede probar un ritual de limpieza para purificarse. Vuelva al ritual de limpieza que mencionamos antes en el libro y realícelo antes de lanzar hechizos. Llene una bañera con agua y aceites esenciales y sales naturales. Le ayudarán a purificarse y a limpiarse de las energías negativas.

3. Limpiando el espacio

Antes de realizar los hechizos, limpie el espacio mágico en el que va a trabajar. Esto ayudará a deshacerse de cualquier energía negativa y frecuencias no deseadas. Puede utilizar elementos naturales de la tierra para ayudarle con la limpieza. Busque sal marina, sal de roca y algunas bolsas de tela. Mezcle las sales en las bolsas y colóquelas en las cuatro esquinas de la habitación. Diga en voz alta que está limpiando este espacio de cualquier energía y fuerza negativa. Necesita visualizarlo, no solo decirlo. Imagínese las energías y frecuencias negativas abandonando su espacio mágico.

Puede quemar incienso para purificar aún más el lugar. Utilice una varilla de incienso como la de cedro o la de hierba dulce. Encienda la varilla hasta que se queme y luego sople sobre ella. El humo seguirá saliendo y puede utilizarlo para emborronar todo el espacio y limpiarlo todo: muévase con la varilla en el sentido de las agujas del reloj. Al igual que con el ritual anterior, visualice e imagine que las energías negativas escapan de su espacio mágico.

4. Estado mental

Su estado mental marca la diferencia en el ritual y en cómo resultarán las cosas. Necesita estar en un estado mental propicio porque le ayudará a alcanzar sus objetivos. La disciplina mental es la clave aquí, y la meditación puede ayudarle a alcanzar ese nivel en el que puede estar tan centrado en sus objetivos y visiones que todo lo demás desaparece. Necesita mantener una mentalidad positiva en los días y horas que preceden a su lanzamiento de hechizos. Ya conoce el momento en que lanzará sus hechizos, y, hasta que llegue ese día, necesita sumergirse en pensamientos positivos.

Procure no preocuparse por el éxito de sus hechizos y rituales, ya que esta es la forma más fácil de que no funcionen. Durante el hechizo, necesita practicar un estado de conciencia elevado; su mente necesita ser propicia para la magia y en la energía máxima para que pueda alcanzar los resultados requeridos. Necesita acceder a su subconsciente mientras permanece consciente y concentrado en el momento. Puede parecer complicado, pero con suficiente entrenamiento y disciplina, lo logrará.

Sus pensamientos positivos deben continuar incluso después de que el hechizo sea lanzado. Si permite que su mente divague hacia la negatividad o la duda, podría arruinar todo aquello por lo que ha trabajado. Lo mejor que puede hacer es no pensar en el hechizo que ha realizado; si lo hace, trate de mantener pensamientos positivos. Como distracción, puede preparar su próximo hechizo.

Parte 2: Hechizos lunares prácticos

Capítulo 4: Hechizos de amor

A estas alturas, entenderá las diferentes fases lunares y su significado, la luna y la energía y el poder que puede aprovechar a través de ella, y cómo las diferentes fases pueden ser utilizadas en su beneficio si realiza el hechizo correcto en el momento adecuado. Luego exploramos las herramientas que puede utilizar para lanzar hechizos y practicar la magia. Ahora es el momento de entrar en los aspectos prácticos y en cómo realizar dichos hechizos.

Los primeros hechizos que exploraremos son los hechizos de amor. Desde las diosas hasta las brujas, los hechizos de amor han existido durante milenios, utilizados para atraer el amor y la atención de alguien o deshacerse de él. Un hechizo de amor es simplemente un encantamiento que lanzas durante la fase lunar adecuada para que pueda cambiar su suerte cuando se trata de amor. No importa los problemas que está enfrentando románticamente, este hechizo puede ayudarle. Un hechizo de amor podría ayudarle a comenzar o reanudar una relación con alguien que ha estado soñando durante meses. También podría ayudarle a superar una ruptura o seguir adelante con una relación pasada.

Un hechizo de amor puede ser lanzado para atraer a un nuevo amante o hacer que alguien se enamore de usted, aunque hay que tener cuidado con esto último. Un hechizo de amor también puede fortalecer el vínculo de amor que tiene con su pareja y ayudar a progresar la relación al siguiente nivel, aquellos que quieren casarse, pero sienten que sus parejas tienen miedo de hacerlo, tomen nota.

En el amor, los hechizos, la potencia y la eficiencia hacen mucha diferencia. A menos que el hechizo sea lanzado perfectamente, no obtendrá los resultados que desea. Si lo hace mal, no importa si usted lanza el hechizo 20 veces; todavía no funciona. Por lo tanto, siga las instrucciones presentadas para obtener los resultados que desea cada vez que lance un hechizo de amor.

Consejos

Para que los hechizos de amor funcionen, debe centrarse en su intención antes de hacer cualquier cosa. No puede simplemente pronunciar las palabras y esperar lo mejor; tiene que creer que esto va a funcionar, y tiene que conocer plenamente las consecuencias y los resultados de sus acciones, porque así es como pueden llegar a ser. No puede tener sueño, distraerse o estar bajo la influencia mientras realiza un hechizo de amor, o cualquier otro hechizo. Necesita tener su ingenio sobre usted, y debe conocer sus sentidos. Sus intenciones deben ser genuinas y de buena naturaleza. Está tratando de cambiar su futuro, y no puede intentar tal hazaña en un capricho.

Es importante que también determine el resultado deseado del hechizo de amor antes de lanzarlo. No hay tal cosa como lanzar un hechizo de amor en general y esperar que las cosas buenas den sus frutos en su vida; sus objetivos deben ser enfocados y claros para que pueda alcanzarlos. El mejor consejo con un hechizo de amor es centrarse en sus propias emociones y sentimientos en lugar de tratar de influir en los sentimientos de otras personas, ya que probablemente no querrá que le hagan lo mismo, pero si se siente cómodo influyendo en los demás, entonces puede seguir adelante y trabajar en el hechizo de amor como se pretende.

Otra cosa para recordar con los hechizos de amor son sus sentimientos. No puede tener dos amantes en mente cuando está lanzando este hechizo; tiene que estar seguro de sus sentimientos. Sus sentimientos no pueden fluctuar, o de lo contrario se corre el riesgo de que el hechizo no funcione. Tiene que haber certeza y convicción en cada paso que dé, o de lo contrario las cosas podrían no ir a su manera.

Una última cosa que recordar siempre con los hechizos de amor específicamente es manejar sus expectativas. Debe creer en el resultado de sus hechizos de amor, pero eso no significa que no deba tener expectativas realistas. El hechizo no dejará caer al príncipe azul en su regazo al día siguiente, ni hará que el soltero más codiciado de Hollywood se enamore de usted. Si el hechizo tiene como objetivo hacer que alguien se enamore de usted, necesita una relación preexistente con esa persona y alguna conexión previa, o no tendrá sentido para que el hechizo funcione. El objetivo del hechizo sería tratar de traer más abundancia y amor en su relación existente en lugar de tratar de cambiar los sentimientos o percepciones de alguien para que se fijen en usted.

Fase lunar

Los hechizos no pueden ser lanzados al azar; necesitan ser lanzados en momentos específicos siguiendo las fases lunares para que puedas obtener el resultado deseado. El mejor momento para lanzar un hechizo de amor es durante la Luna Llena, donde la energía de la luna está en su punto máximo, y puedes aprovechar y canalizar esas energías, pero esto no significa que no pueda lanzar un hechizo de amor en otros momentos del ciclo lunar, aunque la naturaleza de esos hechizos variará. Para atraer un nuevo amor, debería lanzar un hechizo de amor durante la fase de Luna Creciente. Para terminar una relación y deshacerse de sus sentimientos por alguien, entonces su hechizo debe ser lanzado durante la fase de Luna Menguante. La Luna Nueva es también un gran momento para lanzar hechizos para manifestar el amor y otras cosas positivas que quiera en su vida.

Ahora que entiende cuándo puede lanzar sus hechizos de amor, es el momento de aprender cómo. Una vez más, recuerde enfocarse en sus intenciones y creer en el resultado positivo de su magia. Haga eso, y esos hechizos cambiarán el curso de su futuro. Antes de trabajar en su magia de amor, recuerde limpiarse y limpiar su espacio mágico de cualquier energía y vibraciones negativas. Este no es un paso opcional porque necesita que su espacio esté limpio de cualquier odio u otras emociones negativas para que pueda comenzar los rituales con un alma pura y en un espacio limpio.

Hechizo 1: Facilitando el Amor

El primer hechizo de amor que discutiremos es un ritual de Luna Nueva para manifestar amor y abundancia en su vida. Si tiene una relación existente con una persona y quiere traer más abundancia y amor en esa relación, este es el hechizo para lanzar. Este ritual comienza creando un espacio sagrado que es tranquilo y relajante, por lo que necesita organizar y limpiar el espacio primero. Las herramientas que necesitará son un bolígrafo o lápiz y papel. Encienda una vela en su altar y difumine el lugar con salvia o utilice aceites esenciales. A continuación, piense en la relación que le gustaría manifestar en su vida. Piense en las cualidades y en cómo quiere que sea su pareja, y escriba esas cosas junto con sus intenciones.

Luego, coloque un cristal de cuarzo rosa en el papel porque es una poderosa herramienta mágica para manifestar y atraer el amor, y también promueve el amor propio, que necesita para que este ritual funcione. Ahora que ha escrito sus intenciones y objetivos, es el momento de meditar sobre ellos. Cierre los ojos a los efectos relajantes de la vela y piense y visualice sus intenciones. Cuanto más cree en ellas, más posibilidades tendrá de que se manifiesten y se hagan realidad.

Hechizo 2: Atrayendo el amor

Este ritual es como su predecesor, con pequeñas diferencias que le ayudarán a atraer un nuevo amor. Este hechizo es el mejor lanzado durante la fase de luna creciente, que es el momento perfecto para atraer nuevas cosas a su vida y atraer más amor y afecto que cambiará su vida para mejor. Necesitará una hoja de papel y un bolígrafo con tinta roja. También necesitará una vela, pero tiene que ser roja.

Comience encendiendo la vela y sumérjase lentamente en un profundo estado de meditación, concentrándose en el humo de la vela. Elimine de su mente los pensamientos negativos y concéntrese en lo que quiere atraer durante este ciclo lunar. A continuación, escriba en el papel lo que quiere que ocurra en su vida romántica y lo que quiere atraer. La cera de la vela ya estará goteando en este punto; deje que gotee sobre el trozo de papel después de haber escrito las cosas que quiere atraer románticamente. La última cosa que necesita hacer es atar el hechizo, y puede hacerlo llamando a la diosa, por lo general Venus para este hechizo, y pidiéndole que conduzca a alguien a su vida porque le ama profundamente y se siente atraído por esa persona.

Después de que haya terminado con el hechizo, siéntese y medite por un tiempo y siga visualizando a esta persona entrando en su vida. Concéntrese en sus intenciones y crea que las cosas buenas están llegando a su camino.

Hechizo 3: Nuevo romance

Siempre hay esperanza para un nuevo romance, especialmente con este hechizo en particular. ¿Tiene un compañero de trabajo que no piensa en usted, románticamente? Este ritual puede ayudar a cambiar eso. Necesitará una fotografía de la persona que quiere que se enamore de usted. También necesitará velas azules y rojas e incienso, preferiblemente de palo de rosa. Este hechizo es el mejor durante la Luna Nueva.

El ritual comienza encendiendo las velas, la azul para la suerte y la roja para el amor. Encienda el incienso de palo de rosa para que pueda entrar en la mentalidad correcta y relajarse antes de lanzar su hechizo de amor. Después de relajarse y entrar en el estado de ánimo adecuado, sitúese frente a la imagen de su amante deseado y arrodíllese ante ella. Luego, invoque a la diosa y exprese su intención de ganar la atención y el amor de esta persona. Cierre los ojos, concéntrese en que sus intenciones se hagan realidad y medite durante un rato en la misma posición. En este punto no piense en nada más que en su objetivo y en que esta persona se enamore de usted.

Hechizo 4: Buscando la Pareja Perfecta

Este hechizo utiliza la magia de los pétalos de rosa, que puede ser muy potente si se hace bien. Es un hechizo fácil, aunque puede encontrar desafíos tratando de encontrar el momento adecuado para lanzarlo. Necesitará pétalos de rosa para realizar este ritual y un cuerpo de agua como un río o el océano. Este hechizo es el mejor durante la Luna Creciente o la Luna Llena, para que pueda aprovechar la energía de la luna y canalizarla para atraer a la pareja perfecta.

Lo primero que necesita hacer es pensar si esa pareja es perfecta para usted. ¿Qué cualidades quiere que tenga? Piénselo mucho y visualice a la persona con todas esas cualidades. A continuación, lance sus pétalos de rosa a la masa de agua en movimiento, pidiendo a sus guías o deidades que le traigan el amor verdadero, mientras esos pétalos se desplazan hacia los mares o aguas abiertas. Repita este ritual dos veces, mientras visualiza a su pareja ideal y piensa en su intención.

Después de realizar estos hechizos de amor, no deberá obsesionarse con el resultado. Esto puede formar energías negativas que podrían poner en peligro el resultado de su ritual. Obsesionarse nunca es una buena idea, y lo mismo ocurre cuando se practica la magia. Un hechizo de amor puede funcionar si se mantiene la paciencia y el pensamiento positivo. Por lo tanto, dele tiempo al hechizo para que funcione sin perder su paciencia y tratar de apresurar los resultados. Tenga fe y confíe en que las cosas buenas vienen en su camino.

Capítulo 5: Hechizos de fertilidad

La asociación entre la luna y la fertilidad ha sido eterna a lo largo de innumerables civilizaciones. Más allá de las creencias espirituales, varios estudios también han encontrado que el ciclo menstrual femenino también está vinculado a las diferentes fases lunares, lo que no es una sorpresa teniendo en cuenta que la luna es la representación de la deidad femenina. Algunos de los hechizos y rituales más importantes que se pueden practicar durante el ciclo lunar están asociados a la fertilidad.

Las brujas practican hechizos de fertilidad durante las fases lunares por diferentes razones. Algunas buscan mejorar su fertilidad y aumentar sus posibilidades de quedarse embarazadas, otras intentan asegurarse de que su recién nacido esté sano y bien, y algunas intentan asegurar un parto seguro. Los hechizos de fertilidad no solo se asocian al parto. La fertilidad también puede significar abundancia y traer más bien y riqueza a su vida. Esta sección explorará los hechizos que puede practicar para promover la fertilidad y la abundancia en su vida usando magia y rituales sagrados.

Ritual de fertilidad

La primera ceremonia de la que hablaremos es un ritual de fertilidad lunar. Es mejor hacerlo durante las fases de luna creciente a luna llena, aunque debe sincronizarlas con su propio cuerpo como mujer si está tratando de aumentar su fertilidad y quedar embarazada. Si es así, entonces este hechizo es el mejor lanzado dos semanas después de que su ciclo comienza. Si este hechizo es lanzado para aumentar la fertilidad de un hombre, entonces el tiempo del hechizo no importa tanto. En cuanto a la hora del día para lanzar este hechizo, es el mejor durante las primeras horas de la noche cuando está en su mayor creatividad y concentración.

Herramientas: Necesitará mucho incienso para este ritual de fertilidad lunar. Consiga incienso de sándalo, ya que se dice que promueve la fertilidad mental, e incienso de melocotón porque promueve la fertilidad física y la abundancia. No olvide tener un quemador de incienso que le permita moverse libremente con el humo si lo necesita.

Deidades: Esto dependerá de su conjunto de creencias y de las deidades en las que cree, pero para los Wicca, hay deidades particulares que puede invocar para este ritual de fertilidad, incluyendo a Ishtar, Freyr, Brigid y, obviamente, Diana.

Para preparar este ritual, elabore un círculo mágico. Como siempre, limpie el espacio mágico y el círculo antes de comenzar el ritual. Necesita entrar en la mentalidad correcta antes de comenzar, así que también medite si eso le ayuda a relajarse. Limpie su mente de cualquier pensamiento o sentimiento negativo. Visualice sus vibraciones negativas disipándose lentamente de su cuerpo y concéntrese en sus intenciones. A continuación, encienda el incienso y declare su propósito para este ritual. Invoque a las deidades que le guían y decláreles en voz alta su objetivo y lo que quiere llevar a cabo a través de este ritual.

Mientras el incienso arde, imagine que su humo le llena y le toca, especialmente las partes de sí mismo que desea que sean fértiles. Este ritual dicta que usted implore a cada una de las cuatro direcciones, empezando por el este. Alcance a los cuatro elementos e impóreles que le ayuden a ser fértil y a llenar su vida de alegría. A continuación, una vez que les haya implorado a los cuatro elementos en las cuatro direcciones, tiéndase en el suelo mirando hacia el norte, estirando los brazos y las piernas. Llame a las deidades que ha invocado aquí y pídales que bendigan sus lomos y le hagan fértil. Tranquilícese y sienta cómo la energía de la luna le inunda para llenar su cuerpo de poder y fertilidad.

Póngase de rodillas ante su altar y bendiga la comida que tiene allí. Debería tener una ensalada con pepino y zanahorias, y aderezo de aceite de oliva y ajo, un plátano y un té aromatizado. Estos alimentos deben consumirse después del ritual no para hartarse, sino para darle energía. Imagine que la comida que está consumiendo, llena de energía las partes infértiles de usted, y cambie esa parte para que sea fértil mientras come lentamente.

Para concluir este ritual, conéctese a tierra y medite. Encuentre su centro y cierre su círculo mientras se concentra lentamente en sus intenciones y se visualiza volviéndose fértil. Si el propósito de este hechizo es hacerle fértil y tener hijos, participe en la actividad sexual dentro de un día de terminar el hechizo para que pueda ver su efecto que viene a la fruición. Recuerde tener fe y creer que este hechizo funcionará. Con suerte, pronto se volverá fértil, y sus benditas entrañas darán a luz a un niño.

Hechizo de fertilidad

Este siguiente hechizo es uno muy fácil de hacer porque sus ingredientes y el concepto son simples. Como siempre, la parte más importante de este hechizo es usted. La energía que traiga a este hechizo determinará si va a funcionar, así que sea consciente de las vibraciones que trae y observe sus sentimientos y la intención. Este hechizo de fertilidad wiccano requiere una pluma, polvo de flor, aceite espiritual de jazmín, aceite espiritual de Adán y Eva, y una vela roja de figura femenina, además de un plato.

Comience por escribir su nombre en la parte inferior de la vela de la figura femenina. Una vez hecho esto, coloque la vela en el plato y añada los aceites espirituales de jazmín y Adán y Eva y el polvo de flores para cubrir la vela. Con la mezcla cubriendo el cuerpo, frótela con los dedos sobre el estómago de la figura femenina. A continuación, coloque la vela sobre el plato y enciéndala.

En este momento puede invocar a sus deidades y pedirles que bendigan sus entrañas con fertilidad para que pueda tener hijos. Cierre los ojos y medite, visualizando que este hechizo funciona y que su cuerpo infértil cambia para convertirse en fértil. Debe poner energía positiva en este hechizo, de lo contrario no funcionaría. No se obsesione con el resultado del hechizo, pero crea que funcionará, y encontrará la fertilidad y la abundancia. No se obsesione con los pensamientos negativos, o de lo contrario podría poner en peligro el éxito del hechizo de fertilidad.

Hechizo de Luna Llena

Este es un hechizo de fertilidad de luna llena que puede hacer para promover la fertilidad y pedir a la diosa que le ayude a tener un hijo. Necesita ser realizado en una luna llena, como hemos mencionado, preferiblemente en un lunes alrededor de las 7 p. m. o 7:30 p. m. Este hechizo lleva unos cuantos pasos más que el anterior, y necesitará más ingredientes, pero no permita que eso le disuada. Solo concéntrese en encontrar cada ingrediente, y luego le indicaremos cómo puede utilizarlos.

Herramientas/Ingredientes: Necesitará un bolígrafo o lápiz y papel, tres velas cónicas (rosa, azul y verde), aceite de canela, incienso de sándalo, un cuenco de tierra, una pequeña caja o frasco y una manta de bebé; si ya tiene un bebé, podría utilizar su manta para este hechizo, lo que lo haría más potente y eficiente.

Antes de hacer el hechizo, necesita primero limpiarse. Tome un baño ritual con aceites naturales, especialmente aceite de canela. Esto le ayudará a deshacerse de cualquier energía negativa persistente y limpiar su cuerpo. Una vez que haya terminado, prepare todas sus herramientas e ingredientes y comience su hechizo.

Forme un círculo mágico y encienda el incienso. Invoque a las deidades que le guían o a la diosa. Debe tomarse su tiempo con este paso porque estas deidades vendrán a unirse a su círculo y le guiarán en este viaje. Escucharán sus oraciones y le ayudarán a alcanzar sus objetivos. Coja la tierra fresca que ha recogido y espolvoréela alrededor de su círculo, honrando a la diosa y pidiéndole que le proporcione fertilidad. Después, cubra su altar con la manta de bebé y rece a los dioses y diosas, declarando que esta es la manta con la que cubrirá a su pequeño.

A continuación, necesita tomar las tres velas y colocarlas una al lado de la otra, con la verde en el centro, la azul a su izquierda y la rosa a su derecha. Mientras realiza esto, siga pidiendo a las deidades y declare que estas son las velas que iluminarán su vientre. A continuación, coja la vela verde, enjabónela con aceite de canela e imagine a su hijo. Necesita verlos en el ojo de su mente. Imagínese embarazada de ellos y luego dando a luz. Visualice que sostiene el fruto de sus entrañas en sus brazos y mantenga esa imagen mental. Vuelva a colocar la vela verde en el centro de la mesa.

Encienda las otras dos velas y utilícelas para encender la vela verde. Mientras lo hace, declare su intención a los dioses y diosas. Ore y pídales que le den un niño o una niña, rosa para las niñas y azul para los niños. Cuando haya terminado de cantar y rezar a las deidades, coja el bolígrafo y el papel y escriba los nombres que desea para el niño y la niña. Ponga ambos papeles dentro de la caja o el frasco que ha preparado antes y colóquelo delante de la vela verde. A continuación, deje que la vela se consuma hasta que se apague sola y luego coloque la caja en un lugar seguro. Finalmente, inicie una relación sexual con su pareja y espere a que el hechizo funcione.

Al igual que con los hechizos anteriores, recuerde no insistir ni obsesionarse con el éxito de su hechizo de fertilidad. Deposite su fe en el hechizo y deje que desaparezca de su mente. Si no puede evitar pensar en ello, asegúrese de que sus pensamientos sean positivos. Deje ir los pensamientos negativos o los temores.

Hechizo para un parto seguro

Otro hechizo muy importante que las brujas hacen para la fertilidad se refiere a la salud y el bienestar del recién nacido. Nadie tiene el control total sobre estos asuntos, y desafortunadamente, sucede a menudo que un recién nacido está en mala salud y necesita ayuda que otros no pueden dar. Por eso son comunes los hechizos de parto seguro, que pueden ayudarle a aumentar las posibilidades de que su hijo nazca con buena salud.

Para hacer este hechizo, usted no necesitará muchos artículos. Necesitará una vela verde con olor a pino y una manzana. Recuerde que este hechizo se hace después de concebir, y lo hace si le preocupa que su hijo pueda nacer con un problema inherente o con mala salud. Tome una mitad de la manzana y frótela sobre su vientre y luego cierre los ojos y medite. Visualice que la enfermedad y la mala salud son extraídas de su vientre y que el niño crece en él como el veneno de una herida. Una vez hecho esto, tome esa mitad mala de la manzana y entiérrela en la tierra, lejos de la habitación de su hijo.

Capítulo 6: Hechizos de dinero y carrera

Los hechizos de dinero y carrera son muy importantes para las brujas que quieren encontrar riqueza y satisfacción en sus vidas. Estos hechizos son grandes para aquellos que quieren un descanso en sus carreras o la oportunidad de avanzar y crecer profesionalmente. Los hechizos que discutiremos en este capítulo pueden ayudarle a encontrar la riqueza y atraer el dinero y las oportunidades de carrera que ha estado esperando toda su vida. Si quiere un aumento o un ascenso en su trabajo actual, estos hechizos también podrían ayudar.

Puede pensar que hacer un hechizo para conseguir dinero es difícil, pero pensar así es lo que lo hace difícil. Necesita creer que esto funcionará. Canalizar el flujo de dinero en su vida es solo canalizar cierta energía, y una vez que se conecta con su poder interior y aprovecha la energía de la luna, no hay flujo de energía que no pueda controlar. Así que trabaje en su creencia y visualice el dinero que necesita para esa nueva casa o automóvil.

Hechizo de la Luna Llena para el dinero

La luna llena es el momento en que el poder de la luna está en su punto máximo, y puede aprovechar ese poder a su favor para canalizar el dinero en su vida. Hay otros momentos en los que puede hacer hechizos de dinero, pero vamos a hablar de un hechizo de dinero de luna llena para este primer ritual. Espere a que esta parte del ciclo lunar pase para que pueda obtener el máximo del hechizo, amplificando sus efectos. Este hechizo se realiza naturalmente durante la noche para que puedas aprovechar la energía de la luna. Se practica mejor si puede ver la luz directa de la luna entrando por su ventana. Puede funcionar si está envuelta en nubes, pero trate de esperar hasta que la luz se descubra para obtener la mayor potencia.

Las herramientas que necesita para este hechizo pueden parecer complicadas, pero el hechizo es mucho más fácil de lo que parece. Primero necesitará un espejo y no se preocupe porque los espejos den mala suerte. Son objetos ordinarios que pueden ser cargados con ciertas energías. Y lo que es más importante, pueden ayudarle a amplificar la energía de la luna para que su hechizo sea aún más poderoso. Busque un pequeño espejo redondo, aunque cualquier forma servirá. Necesitará un rotulador permanente y aceite de canela (también puede utilizar canela molida para este hechizo). Necesita tres monedas; deben ser monedas de oro, pero otros tipos pueden funcionar. La última cosa que necesita para que este hechizo funcione es una bolsa verde que sea lo suficientemente espaciosa para acomodar las monedas y el espejo.

Para iniciar este hechizo, necesita buscar una vista clara de la luna llena. Si tiene un pequeño jardín privado, será ideal, pero si puede estar bañado por el brillo de la luna, el hechizo será potente. Junte todos sus ingredientes y siéntese frente a la luna. Cierre los ojos, calme su mente y relájese. Trate de entrar en un estado de meditación para aclarar sus pensamientos. Si está en un lugar cerrado, abra la ventana para que le dé el aire. Coloque el espejo en una superficie donde la luz de la luna pueda incidir sobre él.

Con el rotulador, dibuje los símbolos de la riqueza y la prosperidad en el centro del espejo; hay varios símbolos Wiccanos que puede utilizar aquí, como la llave y el número 3. A continuación, tome el aceite o el polvo de canela y sumerja su dedo en él y luego dibuje un círculo alrededor del símbolo de prosperidad que ha dibujado. No sumerja el espejo en el aceite o el polvo; utilice solo lo suficiente para dibujar un círculo. El siguiente paso es poner las tres monedas que ha preparado de manera uniforme sobre el círculo de aceite o polvo de canela, marcando el símbolo de la prosperidad. Vuelva a cerrar los ojos y sumérjase en un estado de meditación mientras la luna carga sus herramientas con su poder. Concéntrese en sus intenciones y sea muy específico aquí.

Concéntrese exactamente en las cosas que desea con la mayor especificidad posible, ya sea determinando la cantidad de dinero que necesita o el tipo de promoción. Sumérjase en los sentimientos que tendrá cuando reciba ese dinero y visualice que se produce. En este estado de inmersión, imagine que la luz y el poder de la luna le inundan, y luego canalice esa energía y todo lo que desea en el espejo. Abra los ojos, invoque a las deidades, declare sus intenciones y pídales que le guíen para conseguir el dinero que necesita.

Por último, tome las monedas y déjelas caer consecutivamente en la bolsa verde, y luego ponga lentamente el espejo sobre las monedas. Cierre la bolsa y guárdela en un lugar seguro donde pueda mirarla siempre que quiera hasta que sus deseos se manifiesten. Puede repetir este ritual en la siguiente luna llena utilizando los mismos ingredientes, pero usando canela fresca la segunda vez.

Hechizo para conseguir un trabajo

Llega un momento en la vida profesional de toda persona en el que quiere un trabajo. Esto puede venir temprano o más tarde en su carrera, pero siempre llega, y usted puede necesitar un poco de ayuda para hacer que las cosas vayan a su manera. Este hechizo solo debe realizarse después de que haya presentado su currículum o haya solicitado el trabajo. Puede ayudarle a conseguir el trabajo que su corazón desea, pero necesita ser específico con este hechizo para obtener los resultados deseados. Como siempre, creer que este hechizo funcionará va un largo camino hacia su funcionamiento.

Necesita una herramienta afilada, como un cuchillo o un alfiler, velas verdes y rojas, y leche. Este hechizo Wiccano comienza escribiendo el nombre de la empresa para la que se quiere trabajar en la vela verde grande. Luego, en la vela roja, talle *Tiwaz*, también conocida como la runa de la victoria, que es como una flecha hacia arriba, además de su nombre completo.

Este hechizo debe realizarse un jueves. Encienda ambas velas un jueves por la noche durante media hora, y luego apáguelas, pero no sople las velas. Deje un cuenco de leche durante la noche, fuera de su casa, como ofrenda a los dioses y diosas. Repita este ritual todos los jueves a la misma hora, pero deje que las velas ardan durante 15 minutos. Repita la operación hasta que las velas se consuman o el trabajo sea suyo.

Hechizos de promoción de luna nueva

Una persona a menudo no recibe los ascensos que se merece, lo cual no es justo, pero, sin embargo, sucede. Subir la escalera corporativa no es tan fácil como usted podría pensar, y puede necesitar ayuda mágica. Este hechizo se utiliza para ayudarle a hacer precisamente eso, y puede ayudarle a obtener esa promoción elusiva.

Este es un hechizo de luna nueva, por lo que hay que esperar a que un nuevo ciclo lunar lo lance, lo que tiene sentido teniendo en cuenta que se busca un nuevo comienzo, que es con lo que se asocia esta fase lunar. Aliste su altar para este ritual mágico y limpie su espacio de cualquier energía negativa. Busque purpurina dorada y colóquela en un frasco sobre su altar mientras se imagina consiguiendo el ascenso. Despeje su mente y concéntrese solo en subir la escalera corporativa y lograr sus objetivos profesionales.

Después, busque la escalera y suba por ella con el frasco en la mano. Necesita tener fe y confianza mientras sube esas escaleras porque este paso representa que está subiendo la escalera corporativa y alcanzando sus objetivos profesionales. Mientras suba la escalera, declare sus intenciones e invoque a las deidades para que le guíen hasta conseguir ese ascenso que busca. Después de llegar a la cima de la escalera, deje el frasco de oro y medite. Visualícese consiguiendo el trabajo y trabajando en él hasta alcanzar el éxito y la prosperidad.

Ritual del dinero de la luna nueva

Este es un ritual para atraer el dinero, y debe hacerse al comienzo de un nuevo ciclo lunar. Espere a la luna nueva y prepare los elementos que necesita para que este ritual funcione. Es sencillo, y todo lo que necesitará son tres velas verdes. El ritual comienza encendiendo esas tres velas mientras se sumerge en un estado de ánimo contemplativo y medita. Concéntrese en la riqueza y en la cantidad de dinero que desea atraer a su vida.

A continuación, invoque a las deidades o a sus guías y pídales. Ore a ellos y pídales que llenen su vida de dinero y abundancia, todo ello mientras se concentra claramente en sus intenciones y en el dinero que quiere invitar a su vida. Recuerde siempre enfocarse en una cantidad específica, no sea vago. Siga encendiendo esas velas cada día mientras declara y renueva sus intenciones hasta que el dinero se manifieste. Repita las oraciones cada vez que encienda las velas y haga esto hasta que las velas se acaben o hasta que el dinero se manifieste.

Ritual para las revisiones de rendimiento

Todo el mundo teme una revisión del rendimiento. Se siente como si su trabajo estuviera bajo el microscopio, y la revisión también podría decidir si usted califica para un aumento, lo que hace que sea un paso muy importante para una carrera saludable. Puede lanzar este hechizo para obtener lo mejor de su revisión de rendimiento que a menudo teme. Este hechizo es el mejor lanzado un día antes del tiempo de la revisión.

Este ritual comienza con usted poniéndose la ropa exacta que va a usar para la revisión de rendimiento. Conéctese a la tierra y calme su mente mientras se sienta en una silla. Poner música meditativa de fondo. Cierre los ojos y reflexione sobre su trayectoria desde que consiguió el trabajo o desde la última revisión. Piense en sus logros y en las cosas que quiere mencionar para incitar a sus superiores a concederle un aumento de sueldo o un ascenso. Escriba esas razones y logros en un papel. Después, guarde el papel en su bolsillo porque lo utilizará más adelante.

Con la misma ropa, justo antes de su revisión de rendimiento, busque un lugar tranquilo para sentarse y mirar ese papel. Cierre los ojos y visualícese a sí mismo, consiguiendo el aumento o el ascenso que desea. Necesita sentir que la energía positiva de esos logros y las cosas que ha hecho le inundan y fluyen en su cuerpo. Entonces puede llamar a sus guías y pedirles que le guíen durante su revisión para conseguir las cosas que ha deseado y por las que ha trabajado tan duro. Esto le dará la guía y la energía positiva que necesita para ir a esa revisión de rendimiento y hacer grandes cosas.

Los hechizos de dinero y carrera son tan buenos como su creencia y confianza en que funcionarán. Necesita invertir en su fe en las deidades y los guías y confiar en que le guiarán para encontrar el dinero y la abundancia que está buscando, y el avance de la carrera y la prosperidad. La visualización es esencial para que estos hechizos funcionen. Tiene que verse a sí mismo obteniendo esas cosas y creer que puede lograrlas. Los hechizos para el dinero y la carrera no se tratan solo de creer en la magia, sino que también se trata de creer en su valor y en que usted merece que esas cosas buenas le sucedan.

Capítulo 7: Hechizos de manifestación

La luna puede ser tan poderosa que puede ayudarle a conseguir las cosas que más desea en la vida. Si aprende a aprovechar la energía y el poder de la luna, puede hacer muchas cosas. La luna puede ayudarle a mejorar su salud, a encontrar el amor y a encontrar una carrera mejor y más satisfactoria. Las fases lunares pueden utilizarse con un efecto muy poderoso si entiende lo que está haciendo. Por eso necesita enseñarse a sí mismo cómo alinearse con las diferentes fases y manifestaciones para que pueda conseguir todo lo que su corazón desea. Lleva tiempo y práctica, pero cuando lo domine, tendrá un control mucho mayor sobre su vida y las cosas que se manifiestan en ella.

Para comprometerse a manifestar con la luna, en este capítulo, exploraremos los hechizos de manifestación que pueden ayudarle a trabajar con las fuerzas naturales de la luna y vivir en sincronía con todas las fases de la luna. Sea muy paciente con la manifestación porque esto es un proceso, y lleva tiempo. Ser uno con la energía de la luna y manifestar las cosas que quiere en la vida no es algo que sucederá de la noche a la mañana, y necesita entender eso. El mejor momento para realizar hechizos de manifestación es cuando la luna está llena.

Ritual de Luna Llena

La luna llena es el momento de la manifestación y de ver cómo se cumplen sus planes. Es el momento más poderoso del ciclo lunar y representa la plenitud y el cumplimiento. Para manifestar con la luna llena, veremos el poderoso Ritual de la Luna Llena.

Mentalidad: El primer paso de este ritual de luna llena es entrar en la mentalidad correcta. Esta es una parte del ciclo lunar en la que necesita estar tranquilo y reflexivo, a la espera de que las acciones e intenciones que ha establecido antes se hagan realidad. Comience por calmar su mente y encontrar la serenidad en su espacio mágico para poder aprovechar el inmenso poder presente durante esta fase lunar. Encienda unas cuantas velas, difumine su espacio mágico con incienso y relájese y despeje su mente. No podrá manifestar con la luna llena a menos que tenga la mentalidad adecuada.

Reflexionar: Reflexione sobre el pasado durante este ritual. ¿Qué ha ocurrido en las últimas semanas? ¿Se están manifestando y haciendo realidad sus objetivos y deseos? ¿debería hacer algo diferente? Busque oportunidades de superación y éxito para poder cambiar los próximos días. Medite sobre los obstáculos que ha enfrentado y los retos que le han frenado. Así puede trabajar en un plan para superar estos retos y dar un giro a las cosas durante el próximo ciclo lunar.

Declarar la intención: A estas alturas del ritual, ya conoce lo que le ha funcionado y lo que no. Entonces, escriba las cosas que le frenan y las que quiere que ocurran. Tome el papel en el que ha escrito los obstáculos que bloquean su camino y quémelo o tírelo por el retrete. Esto le ayudará a superar esos obstáculos y a alcanzar sus objetivos en el futuro.

Salir al exterior: Algunas personas lo llaman "baño de luna", y es un momento de paz disfrutando del brillo pleno de la luna. En cualquier caso, salga al exterior y siéntese bajo la luz de la luna. Deje que le inunde con su energía y poder. Le ayudará espiritual y físicamente, ya que la luz de la luna proporciona varios beneficios a nuestro cuerpo, al igual que la luz del sol. También le ayudará a relajarse y a concentrarse en sus intenciones para la siguiente fase lunar.

Bailar: No hay nada como el baile para ayudarle a manifestar y alinear sus poderes y energías con los de la luna. Bailar es terapéutico y puede ayudarle a liberar cualquier energía negativa que aún tenga, por lo que es una especie de limpieza. Así que, ¡baile! Le hará sentirse mejor y más relajado. Bailar bajo la luna le ayudará a encontrar su base espiritual.

Ritual de agua

El segundo ritual de luna llena que discutiremos es un ritual de agua lunar que puede ayudarle a manifestar, aclarar su mente y abrir su corazón. Este ritual comienza con una jarra de vidrio que se llena con agua del grifo y luego se enrosca la tapa. Las herramientas para esta ceremonia son simples, como puede ver, y se puede hacer fácilmente, aunque necesita creer que funcionará para obtener los mejores resultados.

Tome la jarra de agua y póngala en el exterior bajo la luz directa de la luna, y déjela allí toda la noche; asegúrese de que la tapa esté puesta para que el agua no se contamine. A continuación, después de ponerla fuera, tómese un tiempo para pensar y concentrarse en sus intenciones para el próximo ciclo lunar. Piense en las cosas que quiere lograr y en cómo lo hará. Por la mañana, puede recuperar la jarra para hacer una o varias cosas con ella. Puede beber un poco del agua cada día, y cada vez que tome un sorbo del agua bendecida por la luna, recuérdese a sí mismo sus intenciones y objetivos. Esta agua tiene el poder de la luna llena y puede ser muy potente.

También puede utilizar esta agua encantada para bendecir sus herramientas mágicas, especialmente sus cristales. Los cristales pueden absorber energías mágicas si se bañan en agua de luna, y esto ayudará a amplificar sus poderes, haciéndolos más potentes en sus próximos rituales y hechizos. Algunas personas utilizan esta agua de luna bendita en su piel como elemento de belleza. La añaden a un aceite o a una crema y luego se ponen el producto de belleza en la cara todos los días.

Este ritual puede ayudarle a alinear su energía con la de la luna porque el poder de la luna le acompañará constantemente con esa agua bendita, así que úsela sabiamente y siga recordando sus intenciones y objetivos. Manifestar con el agua de la luna puede acercarle a sus metas y sueños.

Ritual de manifestación de deseos

Este ritual consiste en aprovechar el poder de la luna llena para manifestar sus deseos y hacerlos realidad. Necesitará papel, un lápiz, velas y una caja de cualquier forma o material. Comience este ritual haciendo una lista de sus manifestaciones. Deje que la diosa le guíe, y que su poder y energía le lleven a escribir sus manifestaciones, para que pueda verlas hecha realidad.

Encienda una vela para comenzar este ritual y enfoque sus pensamientos. Deje ir los pensamientos negativos en su cabeza y olvídese de los dolores y problemas del pasado. Concéntrese en el ahora y en el momento presente, soltando otros pensamientos que rondan en su cabeza. Tómese un momento para pensar en las cosas que quiere soltar o deshacerse de ellas y en lo que quiere atraer e invitar a su mente y a su alma. Luego, escriba en el papel las cosas que quiere invitar a su vida durante el próximo ciclo lunar. Enumere todo y concéntrese en que sus intenciones sean puras y realistas. Estos deseos de la luna llena podrían cumplirse en el próximo ciclo lunar, así que canalice su energía y concéntrese en sus intenciones mientras escribe esos deseos.

A continuación, coloque el trozo de papel con sus deseos en una caja o un frasco; cualquier recipiente servirá. Tome la caja o el frasco y colóquelo en el exterior a la luz de la luna para que pueda absorber su energía y disfrutar del inmenso poder que proviene de la luna. Al igual que en el ritual anterior, por la mañana, recupere la caja o el frasco y llévelo a su casa. Póngalo en un lugar donde pueda verlo todos los días. Lo ideal podría ser su altar, que ya es un espacio mágico limpiado y cargado regularmente. Pero también puede colocar el frasco en un mostrador o en su mesita de noche si lo desea. Todas las noches, antes de acostarse, considere los deseos que quiere manifestar y piense por qué quiere esas cosas. Esto le ayudará a realizar y manifestar esas cosas en los próximos ciclos lunares.

Ritual de limpieza

No puede manifestar con los diferentes ciclos lunares a menos que se limpie a sí mismo y a su espacio. La clave para la manifestación y la realización de sus objetivos es deshacerse de las energías y frecuencias negativas, que es el propósito de este ritual. Necesitará algunos ingredientes sencillos para este: incienso o hierbas como el romero y el enebro. El propósito de este ritual es utilizar el humo que sale del incienso o las hierbas quemadas para purificar su hogar de las energías oscuras, y la luna llena es el momento perfecto para hacerlo. Realizar un ritual de limpieza como este durante esta parte del ciclo lunar puede purificar su hogar de malas frecuencias y negatividad persistente.

Encienda las hierbas o el incienso y luego muévase por las diferentes habitaciones de su casa con el humo para purificar cada zona a medida que avanza. Aproveche este ritual de limpieza para liberar también cualquier cosa que no quiera en su vida y deshacerse de los pensamientos más oscuros que ya no le sirven y solo le frenan. Deje que la Diosa de la Luna le guíe en este ritual de limpieza mientras hace circular el humo por toda la casa. Vaya donde sienta que las energías son más oscuras o negativas y declare en voz alta que limpia este espacio de cualquier influencia negativa. Una vez que haya terminado de esparcir el humo, abra las ventanas y deje que la luz de la luna inunde las habitaciones, recargando la energía y expulsando cualquier influencia negativa. Esto ayuda a regenerar la energía de su hogar y le deja un espacio vital limpio, libre de viejas energías y lleno de otras nuevas.

Ritual de Luna Nueva

La luna nueva es un momento de nuevos comienzos, el inicio de un nuevo ciclo lunar. Puede alejarse del pasado y pensar en el futuro, mirando hacia adelante con positividad en lugar de enfocarse en sus defectos y errores. En esta fase del ciclo lunar, necesita considerar lo que quiere que llegue a su vida y lo que quiere dejar ir. Es el momento perfecto para reflexionar y descansar y planificar el futuro. La luna nueva no es el momento de la acción como otras fases lunares, así que no debe tomar decisiones precipitadas. A continuación, le explicamos cómo puede realizar un ritual de luna nueva.

Preparar un espacio: Lo primero que necesita hacer en un ritual de luna nueva es preparar un espacio sagrado en el que pueda reflexionar y descansar. Para ello, ordene y deshágase de todo lo que no necesite en su espacio mágico. A continuación, limpie su espacio utilizando incienso o aceites.

Límpiese a sí mismo: Cuando es luna nueva, antes de empezar el ritual, necesita limpiarse. Así que, después de limpiar su espacio, tome un baño ritual con sales naturales y aceites esenciales. Deje que el agua se lleve su energía negativa y limpie su cuerpo de cualquier impureza. Atenúe las luces y relájese en su baño ritual, meditando y relajándose. Se ha ganado el descanso, y este es el momento en el que puede relajarse para prepararse a lo que está por venir.

Conéctese a tierra: Una parte integral de este ritual de luna nueva es conectarse a tierra, y la mejor manera de hacerlo es tener los cuatro elementos naturales presentes. Le ayudarán a conectar su espacio mágico con la tierra y le mantendrán a usted también conectado a ella. La vela representa el fuego, un cuenco de agua con sal representa el océano, el incienso representa el viento y las hierbas naturales representan la tierra. Estos elementos tienen un efecto calmante y pueden mantenerlo concentrado y relajado.

Pase a una nueva página: Una vez que esté conectado a la tierra, concéntrese en la conexión con las grandes energías que están en juego. Aproveche la energía de la luna e intente aprovecharla. Cuando se sienta arraigado y conectado a la luna y a su poder, podrá pasar a una nueva página, tanto literal como metafóricamente. Tome papel (o un diario) y comience a escribir. Sin forzar nada, deje que la escritura fluya de usted y despeje su mente mientras lo hace. Escriba todo lo que siente y piensa en ese momento. Declare sus intenciones y las cosas que le gustaría experimentar en las próximas semanas. A la hora de escribir sus intenciones, sea específico porque así es como las pone de manifiesto. Cuanto más claras estén escritas sus intenciones, más fácil le resultará manifestarlas.

Pida orientación: Tras reflexionar sobre sus objetivos y sueños y declarar sus intenciones, es el momento de la fase final de este ritual, que consiste en recibir orientación espiritual. Recurra a sus deidades y guías y pida ayuda. Puede utilizar cartas de oráculo u otras herramientas mágicas, pero es importante establecer esta conexión con sus guías para que pueda confiar en que está en el camino correcto. Sea cual sea la deidad o el guía en el que crea, ore a ellos e invóquelos para que le guíen y le ayuden.

El último paso de este ritual es cerrar los ojos y visualizar. Medite y concéntrese en las cosas que quiere, y enfóquese en pasar página y empezar de nuevo. Visualice sus intenciones manifestadas y vea las cosas que quiere en su cabeza. Sea lo que sea que desee en su vida durante este ciclo lunar, la luna nueva es el momento de pensar en ello y visualizar que se manifiesta. Confíe en el proceso, tenga fe, y se manifestará en su favor.

Capítulo 8: Hechizos de protección

Ya sea que quiera protegerse a sí mismo contra el daño o a sus seres queridos contra cualquier mal que puedan encontrar en la vida, los hechizos de protección son lo que necesita. Este hechizo es muy importante cuando vivimos donde las intenciones y energías de la gente no son siempre puras. Esta es la razón por la que necesita tener amuletos y hechizos en su lugar para protegerle a usted y a todos sus seres queridos de ser dañados.

Ritual de limpieza energética

El primer ritual del que hablaremos para proteger su hogar es la limpieza energética. Combinará la mayoría de las técnicas que hemos mencionado y ayudará a librar su espacio mágico y el resto de su hogar de energías y frecuencias negativas. Aquí necesitará varias herramientas mágicas, empezando por una escoba o una escobilla.

En primer lugar, tomará la escoba o la escobilla y barrerá la energía negativa de su casa. Debe enfocarse en la intención, que es limpiar la casa de cualquier energía negativa. Vaya a cada habitación de la casa, moviéndose en dirección contraria a las agujas del reloj, y barra toda la energía negativa hacia la puerta principal. Comience por el techo y luego vaya a las esquinas, pero no deje que la escoba toque las paredes o el suelo; está barriendo las energías de las habitaciones, no barriendo el polvo. Declare su intención al pasar de una habitación a otra, barriendo todas las energías negativas y declarando que no son bienvenidas en su espacio.

Cuando haya terminado de barrer todas las energías negativas de su espacio, realizará una limpieza con humo. Necesita encender salvia y luego moverse alrededor de su casa con ella para bendecir las habitaciones y limpiar cualquier energía negativa residual. Al igual que con el barrido, muévase en dirección contraria a las agujas del reloj y concéntrese en las cuatro esquinas de cada habitación, ya que es ahí donde suele residir la energía negativa. El humo de la salvia le ayudará a deshacerse de cualquier energía persistente y, lo que es más importante, a bendecir su casa con amor, riqueza y abundancia. Visualice estas energías más positivas cubriendo su hogar mientras realice esta parte del ritual e imagina que la energía negativa es reemplazada por la positiva.

Después de esto, utilizará una campana para renovar la energía de su casa. Hemos mencionado antes cómo las campanas pueden ayudar a alejar las energías oscuras; también pueden traer paz y armonía a su hogar, lo que siempre es necesario con un ritual de este tipo. Mientras se mueve con la campana alrededor de su hogar, haga un círculo en el sentido de las agujas del reloj para atraer la energía. Puede hacer sonar la campana tres veces en cada habitación porque el tres es un número sagrado. Mientras hace sonar la campana, declare su intención y diga qué energía quiere atraer, repitiendo siempre frases y cánticos positivos.

Ahora estamos hacia el final del ritual, y la siguiente parte consiste en anclar y preservar la energía positiva que ha invitado. Lo conseguirá mediante el uso de cristales, que contienen una energía inmensa y pueden estabilizar los niveles de energía de su casa, manteniéndolos en el nivel que necesita y del que desea rodearse.

Para anclar la energía en su hogar, coloque un cristal en cada habitación; el tipo de cristal dependerá de la energía y las vibraciones que desee mantener; los cristales tienen diferentes poderes, y debe poner los que sirvan para el propósito de la habitación. Podría poner un cristal negro junto a la entrada de su casa para limpiar cualquier energía negativa y ofrecer protección. En su dormitorio, podría añadir cuarzo rosa para promover el amor y la intimidad con su pareja. A medida que pase por cada habitación y coloque los cristales, muévase en el sentido de las agujas del reloj y visualice la energía que desea infundir con los cristales. Concéntrese en su intención y visualice los cristales llevando esta energía positiva y anclándola en cada habitación.

El último paso de este ritual, que consiste en infundir aún más la energía positiva en su casa, consiste en volver a recorrer cada habitación y dibujar un pentáculo. El pentáculo es un símbolo de los principales elementales, y puede añadir muchas energías positivas a su casa. Con una varita o un cristal, recorra las habitaciones en el sentido de las agujas del reloj una última vez y dibuje el pentáculo en el techo de la puerta de cada habitación, invocando a las deidades y a los elementales en el proceso y pidiéndoles que ofrezcan protección a su casa y la bendigan.

Haciendo este ritual, habrá conseguido limpiar todas las energías oscuras y negativas de su hogar. Las reemplazará por energías positivas que perdurarán y ofrecerán protección para usted y sus seres queridos.

Protección contra los enemigos

Siempre tememos el dolor y el tormento, ya sea físico o emocional, pero desafortunadamente, a veces nos persigue sin importar lo que hagamos, lo cual es usualmente debido a la maldad de las personas y los lugares. Con un poco de ayuda, puede protegerse a sí mismo y a sus seres queridos de tal tormento usando este hechizo de Luna Oscura o Menguante, hacia el final del ciclo lunar, justo antes de la luna nueva. Este hechizo es para protegerse a sí mismo y a sus seres queridos de un enemigo o de alguien que desee hacerles daño.

Para comenzar este hechizo, asegúrese de utilizar un altar oscuro. Coloque dos velas, una a cada lado del altar, una de ellas debe ser negra. Después de realizar el círculo, necesita escribir en la vela negra el nombre de su enemigo o de la persona que trae la energía negativa. Luego, invoque a sus deidades y pídales que le ayuden y le protejan a usted y a sus seres queridos. Sumerja la vela negra en el jugo de la planta dieffenbachia, que deberá preparar de antemano. Este jugo tiene el poder de adormecer la lengua, lo que impide que su enemigo hable mal de usted y de sus seres queridos. Mientras que sumerge la vela en el jugo de la planta, pida a la diosa que impida que sus enemigos hablen mal de usted y pida que se les adormezca la lengua.

También necesitará telas de araña para este hechizo porque a continuación enrollará la vela en las telas y pedirá a la diosa que esta persona quede atrapada en una telaraña de su engaño en lugar de hacerle daño a usted o a sus seres queridos. Encienda la vela después de escribir el nombre de la persona en un papel, y siga pidiéndole a las deidades que protejan a su familia de todo mal y hagan que esta persona enfrente las consecuencias de sus acciones. A continuación, queme el papel con el nombre, colocándolo en la llama de la vela negra, recogiendo las cenizas a medida que vayan apareciendo. Las cenizas deben ser esparcidas por la noche en un lugar por el que esté seguro de que pasará su enemigo, quizás junto a su casa o lugar de trabajo. Por último, encienda la segunda vela, azul o blanca, y medite. Esta vela significa la paz y la armonía que se le otorga a usted y a sus seres queridos ahora que está a salvo del mal de su enemigo.

Hechizo de Protección de la Luna Oscura

Este es otro hechizo de protección de la Luna Oscura, lo que significa que debe hacerse en el último día del ciclo lunar. Este hechizo utiliza una bolsa de amuletos para proteger a quien quiera. Puede utilizar el hechizo para proteger a sus hijos a medida que crecen, su amante en el trabajo, o incluso usted mismo de las fuerzas del mal. En términos simples, una bolsa de amuletos es una bolsa que encierra artículos encantados que manifiestan una determinada intención, en este caso, la protección. Para ver los resultados de una bolsa de amuleto hay que llevarla encima o usarla durante algún tiempo. Mientras que las bolsas de amuletos han sido a menudo representadas negativamente en las películas y programas de televisión, a menudo se afirma que son utilizadas por las brujas para dañar a los demás, se utilizan positivamente en la vida real y pueden ayudarle a mantener a sus seres queridos a salvo.

Este hechizo es ideal para la Luna Oscura porque esta época del mes se asocia con la diosa oscura, la Vieja. Ella es conocida por muchos nombres como Perséfone, Lilith, o Hécate. Ella es la protectora y la mujer sabia, por lo que este es el momento perfecto para los hechizos de destierro y protección. En resumen, este hechizo puede proporcionarle protección contra la oscuridad por ahí porque se asocia directamente con la diosa oscura.

El mejor momento para realizar el hechizo es durante la fase menguante de la luna o en la propia Luna Oscura, justo antes de la Luna Nueva. Intente realizar este ritual un sábado. Necesitará algunas cosas para la bolsa de amuletos, pero la mayoría de ellas son fáciles de encontrar. Deberá tener una hoja de arce, una cuenta de amuleto, una cinta negra, un mechón de pelo, sal del Himalaya, aceite de sangre de dragón, lavanda, ortiga, salvia, turmalina negra y una bolsa negra o un trozo de tela en el que añadirá los ingredientes. Este hechizo se realiza en dos pasos, y el segundo es un ritual de consagración, para el que necesitará una vela negra y un incienso.

Prepare todo mientras se sienta junto a su altar, meditando, y entrando en la mentalidad correcta. Concéntrese en su intención y prepárese para lanzar el hechizo de protección. Realice un círculo mágico y llene la bolsa con los ingredientes que hemos enumerado (excepto la cuenta y la cinta). Conjure y concéntrese en su intención de ser protegido o de proteger a alguien que le importa de cualquier daño. Con la bolsa llena, enrosque la cuenta de protección alrededor de la cinta negra y séllela con ella.

Para la segunda parte de este ritual, se enciende la vela negra y se invoca a la Diosa. Ore a ella y pídale que le ofrezca protección y consagre la bolsa de amuletos para que pueda utilizarla para protegerse a sí mismo o a sus seres queridos contra todo el mal del mundo. Puede crear un canto o utilizar uno estándar, pero asegúrese de que transmite el verdadero significado e implore a la diosa su ayuda para consagrar la bolsa de amuletos y poder utilizarla como protección. Visualice la energía protectora que emana de la bolsa e imagine que esa energía le protege a usted o a quienquiera que esté haciendo el hechizo de cualquier energía oscura y de todo mal. Cuando haya terminado, alabe a la diosa y apague la vela, concluyendo su ritual.

Esta bolsa de amuletos debe ser llevada consigo o con la persona para la que la haya hecho. Puede llevarla puesta, meterla en un bolso o incluso meterla en el bolsillo. No se mueva sin ella o, al menos, no la pierda de vista. Recuerde: ¡nadie más debe tocar la bolsa! Si eso ocurre, deberá realizar otro ritual para consagrarla. Al final de cada ciclo lunar, recargue su amuleto de protección, ya sea dosificándolo con agua de luna o dejándolo bajo la luna durante la noche.

Sal negra para la protección espiritual

La sal negra es uno de los ingredientes mágicos más comunes utilizados para ofrecer protección espiritual a su alma y a su hogar. Es increíblemente útil y eficiente para contrarrestar los efectos de la negatividad que encontramos en nuestra vida diaria. Desde las relaciones tóxicas y las condiciones de trabajo agotadoras hasta sus demonios y el exceso de pensamiento, las frecuencias negativas son más comunes en nuestras vidas de lo que nos gustaría admitir. Aquí es donde entra la sal negra. Puede absorber la energía negativa que llega de todo lo que le rodea y arrancar las vibraciones oscuras que le molestan.

Entonces, ¿cómo se hace? Necesita una cosa: pimienta negra, polvo de carbón activado, cenizas de fogatas o colorante alimentario negro. Utilice uno de ellos con sal marina gruesa para hacer su sal negra. Para hacer una sal negra más potente, también puede añadir ingredientes como romero, canela, aceite esencial de lavanda o cayena en polvo. Combine la sal con esos ingredientes y luego utilice el poder de la luna para cargar esta combinación. Puede dejar la mezcla bajo la luz de una luna oscura o llena para aumentar su eficacia y potenciar sus poderes.

Ahora que tiene su sal negra, ¡es el momento de utilizarla! No hay ninguna regla específica sobre cómo debería utilizarla, así que puede hacerlo como le plazca. Puede esparcir pimienta negra por su casa para protegerse a usted y a sus seres queridos de cualquier oscuridad o mal. También puede poner un poco en su coche para protegerse de los problemas de la carretera o en un pequeño frasco en su oficina para mantener alejados a los compañeros de trabajo tóxicos y los problemas que vienen con ellos.

Capítulo 9: Hechizos de destierro

Los últimos hechizos que discutiremos en esta parte son los hechizos de destierro, que pueden ser utilizados para una variedad de propósitos esenciales. Un hechizo de destierro se utiliza simplemente para deshacerse de cualquier influencia negativa en su vida, ya sean personas o pensamientos y sentimientos con los que ha estado luchando. Un hechizo de destierro puede aliviar el dolor de una experiencia traumática que le ha perseguido durante mucho tiempo. También puede lanzar un hechizo de destierro cuando quiere terminar una relación tóxica o una amistad que le hace más daño que bien o quiere un nuevo comienzo y dejar ir el pasado con todo su dolor.

Ritual de liberación de luna llena

Mientras que los hechizos de destierro se lanzan habitualmente durante las fases menguantes de la luna, algunos se pueden lanzar durante la luna llena, como este ritual de liberación. Este ritual se enfoca en aprovechar la energía de la luna y su alineación natural con nuestros estados de ánimo y ciclos. Nuestros estados de ánimo cambian con el cambio de las fases lunares, y sus niveles de energía también. Este ritual de liberación le ayudará a aprovechar el poder de la luna llena para que pueda deshacerse de cualquier cosa que le frene o le cause dolor en la vida. Necesitará un bolígrafo y un papel, salvia o aceites y velas.

Para comenzar este ritual, necesita formar su círculo mágico, pero primero, limpie su círculo mágico de cualquier energía negativa persistente que pueda estar impidiendo el ritual. Puede poner música relajante para entrar en ambiente y prepararse mentalmente para realizar esta ceremonia. Despeje su mente de todos los pensamientos y concentre sus energías. También puede encender velas e incienso para ayudarle a concentrarse y canalizar su energía. Las velas también limpiarán el espacio de vibraciones oscuras y energía negativa. Visualice que todas las malas energías se filtran fuera de su cuerpo y le permiten meditar tranquilamente bajo la luz de la luna.

A continuación, conéctese a tierra y tome el control de su cuerpo y de su respiración. Después de meditar, deberá aprender del momento y de cómo se siente. Piense en las cosas que le gustaría liberar de su vida y por qué desea hacerlo. Puede ser un trabajo que le cause dolor y agotamiento o una relación que le pese y afecte negativamente a su vida. Sea lo que sea, escríbalo en un papel y declare su intención de deshacerse de ese efecto negativo en su vida. Luego, firme con su nombre en el papel y ponga la fecha. Por último, cierre los ojos y declare al universo que está liberando de su vida lo que sea que le preocupa. Visualice que esto sucede y tenga fe en que el universo se encargará de todo.

Después de eso, sostenga el papel con la mano sobre la vela encendida y deje que la llama queme sus problemas y libere la negatividad. Visualice el humo del papel quemado declarando sus intenciones al universo y ayudándole a encontrar la paz y la armonía. Debe terminar este ritual con una nota positiva. Medite y despeje su mente de pensamientos sobre lo negativo que ha liberado, y sea agradecido. Siéntese en paz y en silencio durante un rato, y agradezca las cosas que ha aprendido de esas situaciones difíciles o de las personas tóxicas. Perdone a los que le han hecho daño y suelte cualquier odio o negatividad que tenga hacia ellos; esto también podría significar perdonarse a sí mismo por cualquier dolor que haya podido causar. Ya ha liberado lo que le preocupaba, así que no tiene sentido que se quede en la pérdida y el dolor.

Exprese su gratitud hacia el universo por haberle ayudado a liberar esos problemas y agradezca a las deidades por haberle ayudado a limpiar esos problemas. Por último, tome un baño ritual de limpieza para calmarse y eliminar cualquier resto de negatividad.

Hechizo para desterrar la negatividad

No importa cuánto lo intentemos, la mente tiene su manera de morar en las cosas negativas que le afectan. Puede intentar con fuerza tener pensamientos positivos y no morar en lo que le está haciendo daño, pero a veces, los pensamientos negativos son demasiado poderosos. Este hechizo le ayudará a lidiar con tales problemas, y podrá desterrar las ideas de su mente.

Necesitará un caldero, una pluma, una vela roja y dos pedazos de papel para este hechizo de destierro. Puede realizar este hechizo durante las fases de luna menguante o nueva, pero nunca durante la luna creciente. Comience por dibujar una imagen de sí mismo con los pensamientos oscuros que lo agobian. No hay una manera correcta de hacer esto porque depende de sus interpretaciones y sentimientos. Tal vez quiera dibujarse a sí mismo con una nube negra colgando sobre su cabeza o una imagen de alguien sollozando. Sea lo que sea lo que siente, dibújelo. Luego, tome la vela roja y cárguela con la energía de la luna porque tendrá un efecto curativo para este hechizo. Después, encienda la vela y sostenga la punta del dibujo que ha hecho en la llama.

Cuando el dibujo se prenda fuego, colóquelo en el caldero. A continuación, haga otro dibujo de sí mismo, esta vez feliz y sin la negatividad que le agobia. Tome este segundo dibujo y colóquelo debajo de la vela roja. A continuación, deje que la vela se consuma mientras se visualiza liberándose de lo que le molesta y disfrutando de una vida más feliz, todo ello con la luz de la luna bañándole y recargando su energía.

Vinagre de cuatro ladrones para desterrar el mal

Esta es una de las pociones más populares para desterrar el mal y la negatividad, y su origen se remonta a cientos de años. Necesitará lavanda, romero, salvia, tomillo, menta, vinagre de sidra de manzana, ajo, y un frasco o recipiente hermético para este hechizo. También deberá elegir hierbas frescas para este hechizo.

Comience por poner las hierbas dentro del frasco y luego cubra las hierbas con vinagre de sidra de manzana y cierre la tapa herméticamente. Guárdelo en un lugar fresco y seco, y agite suavemente el frasco todos los días durante 1 a 1,5 meses. A continuación, saque las hierbas del vinagre y su poción estará lista para ser utilizada. Hay varias maneras de utilizar el vinagre de los cuatro ladrones, y le ayudará a desterrar todo el mal y a protegerse a sí mismo o a sus seres queridos contra las fuerzas oscuras que actúan en el mundo.

Puede esparcir este vinagre alrededor de la puerta de su hogar para mantener alejadas las energías oscuras y el mal y para proteger su hogar de los enemigos. Si no le importa el sabor, también se puede utilizar como ingrediente en la cocina para proporcionarle protección y desterrar todo el mal que le rodea mientras se mueve, además de romper los hechizos que le puedan hacer.

Hechizo para desterrar la depresión

El estrés y la depresión son las plagas de los humanos modernos. Ya sea el estrés de su trabajo diario o la depresión de las crisis existenciales y no saber su propósito en la vida, este hechizo podría ayudar. Probablemente ya ha intentado todos los otros enfoques para hacerse sentir mejor y deshacerse de su estrés y la tristeza, y podría ser el momento de probar algo diferente.

Para este hechizo, necesitará una piedra negra y una vela. Este hechizo requiere ir a un cuerpo de agua corriente, preferiblemente durante la luna nueva o menguante, así que busque el arroyo más cercano, riachuelo, o incluso el océano. Siéntese, encienda las velas y sostenga la piedra en su mano derecha. Cálmese y medite. Piense en todas las cosas que le agobian y le causan depresión y estrés. Canalice esos pensamientos y energías negativas hacia la piedra que sostiene. Cuando sienta que esos problemas y dolores han abandonado su cuerpo y se han instalado en la piedra, arrójela al agua y entone un cántico. Declare a la diosa y al universo que desea que esos sentimientos y pensamientos hayan abandonado su cuerpo, y que desea que sean reemplazados por paz, serenidad y felicidad.

Después de hacer esto, conéctese a tierra y cálmese, siéntese y piense en los sentimientos que está experimentando y en lo bien que se siente al librarse de esos pensamientos oscuros y de la depresión. Agradezca a la diosa su ayuda para aliviar su dolor. Permanezca un rato junto a la masa de agua corriente y deje que la energía de la luna lo bañe y lo libere de cualquier remanente de negatividad y depresión. A continuación, apague las velas, recoja y vuelva a casa, creyendo que su depresión es cosa del pasado.

Destierro reflexivo

Todos tenemos personas y cosas en nuestras vidas que son una fuente de estrés y dolor constante, y pueden canalizar su energía negativa hacia usted por lo que a menudo se encuentra incapaz de resistirse a ser afectado por la negatividad. Este hechizo es para esta situación; está diseñado para reflejar esta negatividad en el objetivo, ya sea una persona tóxica en su vida o espíritus no deseados que le causan mucho dolor. Necesitará un pequeño espejo y algo para escribir (un lápiz de aceite funciona perfectamente aquí).

Escriba el nombre de la persona o del espíritu que le causa dolor y declare debajo del nombre que a partir de ahora devuelve y refleja esta energía oscura. Agregue también un símbolo de destierro. Luego, lleve el espejo consigo hasta que esta persona o espíritu haya dejado de canalizar su negatividad hacia usted.

Hechizo para eliminar maldiciones

Este siguiente hechizo se trata de eliminar las maldiciones de un objeto. Si tiene un objeto que cree que está maldito, este hechizo podría ayudar. Remover maldiciones a menudo depende de la fuerza de la maldición, pero necesita intentar varios enfoques hasta que se disipe. Pruebe un ritual de purificación para eliminar la maldición de un objeto; puede hacerlo sumergiendo el objeto en agua salada y luego encendiendo incienso y dejando que su humo cubra el objeto, también puede utilizar agua bendita en lugar de incienso. Si la maldición es débil, se eliminará con este sencillo ritual de purificación. Si es fuerte, puede que necesite hacer algo más.

Hasta que no conozca exactamente la maldición del objeto, necesita al menos limitar sus daños para poder hacer un contra hechizo. Puede hacerlo poniendo un elemento de cobre en el objeto, ya que el cobre es capaz de atraer energías negativas y mantener un cierto equilibrio de la energía del objeto. Sin embargo, esta es una solución temporal. Su mejor oportunidad es saber qué maldición ha sido colocada en este objeto, por lo que podría realizar un ritual particular o lanzar un determinado hechizo que funcione con esta maldición específica. El cobre solo puede atraer energías negativas durante un tiempo, y podría fallar, así que esta no es una solución a largo plazo para este problema. Si se encuentra con un objeto maldito, siga un cierto orden. Comience con el ritual de limpieza y rece para que funcione y elimine la maldición. Si no lo hace, intente aprender todo lo que pueda sobre la maldición y entender qué puede hacer exactamente. Hasta que lo logre, utilice una moneda o cualquier otro objeto de cobre para amortiguar los efectos de la maldición y reducir su daño.

Hechizo para desterrar el peligro

Este es un hechizo muy importante para desterrar personas peligrosas con las que se haya cruzado y haya temido por su vida o la de sus seres queridos. Le ayudará a desterrar el peligro y proteger a todos y todo lo que le importa. Necesitará una cinta roja, un muñeco que represente a la persona (o personas) peligrosa, una vela negra y un incienso de mirra.

Forme su círculo mágico y encienda el incienso y la vela negra. Ponga agua salada en el muñeco y declare sus intenciones hacia esta persona. Quiere que se aleje de usted y de sus seres queridos, así que declárelo y bendiga el muñeco para que este cántico funcione. A continuación, sostenga el muñeco en la mano y visualícelo atado con una red de plata, que representa a la persona peligrosa atada para que no le haga daño. A continuación, utilice la cinta roja para atar el muñeco con fuerza, asegurándose de que lo ata para que no pueda hacerle ningún daño.

Después de atar al muñeco, cárguelo cantando a los dioses y diosas y honrando a los elementos. Declare que desea que esta marioneta y quien la representa sean atados y que su daño sea desterrado de usted y de todos sus seres queridos. Esto marca la conclusión del hechizo. Abra su círculo, tome el muñeco y entiérrelo. Entiérrelo bajo una luna menguante, entiérrelo lejos de su hogar, y coloque una roca pesada sobre su lugar de entierro. Esto ayudará a desterrar el peligro que trae esta persona y le protegerá a usted y a su familia de su maldad.

Hechizo para alejar a las personas de su vida

El siguiente hechizo que discutiremos es para desterrar personas no deseadas de su vida. Necesitará sal marina, velas blancas y negras, una foto de su persona y una piedra de cuarzo para realizar este hechizo.

Forme un círculo con la sal marina y ponga la piedra de cuarzo, la vela blanca y su foto dentro de él. Bendiga la vela blanca y demande que le proteja solo a usted de cualquier posible daño. Luego, enciéndela. Después, tome la vela negra y bendígala para que absorba todas las energías negativas que puedan afectarle. Encienda esta vela negra y colóquela fuera del círculo de sal y deje que se consuma. Esto ayudará a protegerse de cualquier energía negativa y a mantener a esa persona alejada hasta que se retire de su vida.

Hechizo para desterrar la adicción al alcohol

Luchar contra la adicción al alcohol es uno de los peores retos en los que se puede encontrar una persona. Desgraciadamente, ocurre a menudo sin que se dé cuenta. Se dice a sí mismo que será solo una copa o dos para suavizarse o relajarse después de un largo y estresante día, y pronto podría encontrarse adicto a esa sensación de adormecimiento que el alcohol le da. En estos tiempos difíciles, podría hacer un hechizo para desterrar esta adicción y ayudarle a dejar de beber alcohol.

Para este hechizo, consiga alrededor de una docena de pedazos de papel pequeño, un bolígrafo o lápiz, cuerda o cordón negro, un vaso de agua, cristal de amatista, y una botella vacía de su alcohol favorito, pero necesita tener una tapa, y lávela antes de este hechizo. Antes de comenzar el ritual, piense en las razones por las que quiere dejar de beber alcohol. Cualesquiera que sean esas razones, escríbalas en un papel, por separado. Necesita ser honesto consigo mismo aquí, así que escriba las razones tal como son, ya sea que esté dañando a las personas que ama, afectando su trabajo, o cualquier cosa.

A continuación, forme su círculo mágico como lo hace habitualmente y medite durante un rato. Tranquilícese y aclare su mente; debe tener los pensamientos despejados para que este ritual funcione. A continuación, tome un papel y lea lo que pone en él en voz alta y luego declare su contrario también en voz alta. Por ejemplo, si el papel dice: "Discuto mucho con mi mujer porque bebo alcohol", entonces tienes que afirmar su contrario y decir: "Ahora no discuto tanto con mi mujer porque he dejado de beber alcohol". La visualización es clave para que este ritual funcione. Necesita imaginarse a sí mismo liberado de la carga del abuso del alcohol y sin una preocupación en su mente ahora que está sobrio. Crea que las cosas que está leyendo en voz alta son ciertas, y se harán realidad.

Piense en cómo se sentiría si fuera cierto, y estuviera libre de esta adicción y sano, llevando una vida mejor. Tome el trozo de papel que ha leído y póngalo en la botella vacía. Después, tome otro trozo de papel y repita el proceso. Cuando haya terminado todos, ponga la tapa y cierre el frasco con los papeles dentro. Tome el hilo o cordón negro, átelo alrededor del cuello de la botella y haga tres nudos (recuerde la importancia del número 3). A continuación, tome el vaso de agua, deje que la luz de la luna lo ilumine, lavándolo con su energía. Y beba agua. Visualice que esta agua le limpia y le purifica de la necesidad de alcohol.

Por último, tome el cristal y póngalo en sus manos, y siéntese a la luz de la luna. Sienta cómo la luz le cubre con su poder y deje que fluya desde usted hasta el cristal. Medite en deshacerse de su adicción al alcohol y en volverse sobrio, todo ello mientras sostiene el cristal. Luego, declárelo al universo; diga que ya no es un bebedor, y se hará realidad. Cierre el círculo y medite durante un rato. Después, tome la botella y deshágase de ella; puede enterrarla en la tierra o simplemente tirarla. Después del ritual, recuerde llevar el cristal consigo. Si alguna vez siente la necesidad de beber alcohol, beba agua y visualice como lo hizo antes, simplemente crea que va a funcionar.

Hechizo para desterrar influencias negativas

Por último, hablaremos de un ritual para desterrar velas que le ayudará a deshacerse de las influencias negativas en su vida. Para ello, necesita una vela negra y un portavelas, sal, una herramienta para tallar, como un alfiler o un cuchillo afilado, pimienta negra o blanca y un aceite de unción de cualquier tipo.

Comience por esparcir la sal en dirección contraria a las agujas del reloj para formar un círculo a su alrededor. Mientras la esparce, visualice que la sal forma un escudo protector alrededor suyo y de su espacio mágico para protegerlo de cualquier fuerza oscura. Piense sobre el objetivo de su hechizo de destierro y sobre aquello de lo que desea deshacerse, ya sea una persona o un sentimiento. Luego, declare su intención tallando este deseo en la vela, como el deseo de perder la ansiedad o el cansancio o querer que alguien no se cruce en su camino nunca más. También es una buena idea tallar en la vela un sigilo o símbolo de destierro.

Cuando haya terminado, utilice el aceite para ungir la vela y también espolvoréela con sal. A continuación, coloque la vela en el soporte y enciéndala mientras declara sus intenciones en voz alta. Deje que la vela se consuma mientras se sienta junto a ella y medita, visualizando que sus deseos se hacen realidad y que lo que quiere fuera de su vida se destierra. Cuando haya terminado, rompa el círculo y olvídese del hechizo.

Parte 3: Otras formas de trabajar con la Luna

Capítulo 10: Agua, cristales y aceites lunares

A estas alturas, ya entiende muchos hechizos que puede realizar con el poder de la luna, pero todavía hay muchas formas de aprovechar ese poder y utilizarlo en su beneficio. La energía que proviene de la luna durante el ciclo lunar puede bendecir muchos objetos y cargar de energía sus objetos mágicos. En este capítulo, exploraremos otras formas de utilizar el poder procedente de la luna, ya sea para crear agua lunar o para consagrar sus cristales y trabajar con aceites. Estas técnicas se pueden hacer por separado, o se pueden hacer juntas para maximizar su cosecha de la energía de la luna.

Agua lunar

En un capítulo anterior dimos instrucciones detalladas sobre cómo crear agua lunar, pero no es la única forma en que se puede elaborar. Algunos prefieren hacer agua lunar durante las fases de luna nueva y llena, para utilizarla en rituales mágicos especiales y en momentos específicos a lo largo de los ciclos lunares. Otros hacen agua de luna durante las fases lunares crecientes o menguantes. Todo depende de sus preferencias, de su conexión con la luna y del momento que considere ideal para trabajar en este ritual. Aquí encontrará una guía sencilla sobre cómo puede hacer agua de luna, pero puede seguir un enfoque diferente si lo desea.

1. Preparar el recipiente

El primer paso para hacer agua de luna es preparar un recipiente que refleje no solo quién es usted como persona, sino también lo que está tratando de atraer. Si está tratando de atraer la riqueza, puede utilizar un recipiente más caro. También puede utilizar un frasco de vidrio de cualquier tipo, pero debe estar cargado con su intención y sus objetivos para el próximo ciclo lunar para que pueda utilizarlo con la máxima eficacia.

2. Cargar el contenedor

Aunque no realice este paso, es beneficioso si lo hace. Cargar el recipiente antes de realizar el ritual de la luna puede ayudar a alejar cualquier energía negativa que pueda estar rondando y drenando su energía o infundiéndole vibraciones negativas. Puede utilizar cristales para este propósito porque tienen efectos curativos y pueden ayudar a protegerle de energías negativas e influencias no deseadas.

3. Poner el recipiente bajo la luz de la luna

Con el recipiente preparado, llenarlo con agua. Deberá utilizar un frasco o recipiente con tapa para evitar que cualquier cosa contamine su agua lunar. Luego, tome el frasco y póngalo bajo la luz de la luna durante la fase que considere mejor para cargar su agua - idealmente, debería ser una luna llena o nueva. Aunque debería poner el frasco bajo la luz directa de la luna en el exterior, si vive en un apartamento y esto será complicado, puede poner el recipiente junto a una ventana.

4. Recuperar el recipiente

Después de dejar el frasco toda la noche, recupérelo por la mañana con su agua lunar recién cargada. Mantenga su agua lunar consigo porque hay muchas maneras de utilizarla.

Agua elemental en rituales: La primera forma en que puede utilizar el agua lunar es en sus rituales mágicos. Ponga el agua de luna en un cáliz, colóquelo en el altar, y puede ser una representación del elemento agua durante sus rituales. También puede utilizar este cáliz de agua de luna para invocar a los cuartos lunares.

Ofrendas: El agua de luna puede ser una ofrenda a las deidades. Es la ofrenda perfecta para las deidades que invoca, y puede ayudarle a invocar su guía y bendición. Ponga un poco de ella en un recipiente junto con flores o pétalos, o cualquier ofrenda que crea que sus deidades apreciarán. Después, presente la ofrenda a su deidad con un canto o una oración de su autoría.

Bendición y carga: Puede utilizar el agua de la luna para bendecir cualquier objeto mágico que utilice durante sus rituales y hechizos. Puede utilizarla, por ejemplo, para bendecir la pluma con la que escribirá en su libro de las sombras o bendecir su varita o cualquier otro objeto mágico que vaya a utilizar durante los rituales. El agua de luna puede cargar y limpiar su altar y todas sus herramientas mágicas. Para consagrar un objeto mágico con agua de luna, sumerja un dedo en el agua cargada de luna y luego dibuje un pentáculo u otros símbolos mágicos en los objetos que quiere bendecir.

Cargar cristales en agua de luna es una de las prácticas más comunes para las brujas, ya que regenera y carga los poderes de los cristales, y luego puede utilizarlos para rituales de limpieza y otros hechizos y ceremonias mágicas. La combinación de cristales y agua de luna puede ser poderosa si se utiliza correctamente.

Unción: El agua de luna se utiliza a menudo para ungir objetos y no solo mágicos. Por ejemplo, puede ungir su dinero con agua lunar para promover la riqueza y atraer la buena fortuna. Esto se debe a que el agua, como elemento, se asocia a menudo con el dinero, ya que ambos fluyen. Para este ritual, concéntrese en sus intenciones y sea específico en cuanto a la riqueza que le gustaría atraer. Imagine que la riqueza y la abundancia fluyen en su dirección, como lo haría el agua.

Limpieza: Recuerde siempre que el agua de la luna puede limpiar su hogar de cualquier energía negativa y vibraciones oscuras.

Belleza y cuidado personal: Muchas brujas utilizan el agua de luna con fines de belleza. Puede lavarse la cara con ella o añadirla a los productos de belleza. Puede añadir agua lunar a su baño para recargar su cuerpo y limpiarlo mientras se baña. También puede utilizarla en jarrones con flores para dar a sus flores una vida bendecida.

Promover la creatividad: Se cree que el agua de luna impulsa y promueve la creatividad. Puede limpiar su espacio de trabajo con agua de luna e incluso limpiar su tablero de visión con ella. Puede utilizar el agua de luna con sus chakras para promover las habilidades psíquicas y la creatividad.

Estas son solo formas de utilizar el agua de luna; esencialmente, puede utilizarla de la forma que quiera. Desde cocinar hasta limpiar, esta agua cargada puede darle energía positiva y limpiarle las malas vibraciones, además de bendecir su hogar.

Cristales

Los cristales pueden utilizarse con la energía lunar con un gran efecto, pero hay que saber con qué cristales trabajar y cómo. El reto con los cristales es que hay muchos tipos por ahí, y necesita seleccionar el tipo correcto para trabajar y en la fase lunar adecuada, o de lo contrario su intención no se manifestará. Estos son los cristales que puedes utilizar para recoger y canalizar la energía de la luna.

Piedra de luna

Aunque pueda parecer un poco obvio, la piedra lunar es uno de los mejores cristales para trabajar con la energía de la luna. No necesita un color particular de piedra de luna; puede ser blanca o incluso negra. Lo mejor de este cristal es que puede utilizarlo para trabajar con la energía lunar durante todas las fases de la luna, por lo que no está limitado a las lunas nuevas o llenas, aunque su poder en la luna llena es extremadamente potente. Si siente ese poder mientras la lleva en luna llena y no le gusta la cantidad de poder que siente, puede dejarla de lado hasta la siguiente fase lunar sin efectos adversos.

La piedra de luna se asemeja a la diosa y a la energía femenina que la acompaña, lo cual no es sorprendente si se tiene en cuenta que la propia luna manifiesta la diosa y la energía divina femenina. Utilice la piedra de luna para aprovechar su intuición y canalizar sus sentimientos viscerales para ayudar a manifestar sus deseos. Siempre que quiera alinearse con sus objetivos y aprovechar su poder, utilice la piedra de luna durante cualquier fase lunar.

Selenita

La selenita es uno de los cristales más populares para muchas brujas, y por una buena razón. Su poder es grande, y se utiliza para hacer muchas cosas grandes. El nombre del cristal se deriva de la diosa de la luna Selene, y es un cristal de luna llena, por lo que se utiliza mejor durante esta fase lunar para aprovechar al máximo la energía lunar. La selenita tiene una cierta iridiscencia que es como el brillo de la luna, y se cree que este cristal emana paz y alegría a los que lo utilizan.

La selenita puede ayudar a procesar la gama de emociones y miedos que a menudo se manifiestan con la luna llena, por lo que es mejor utilizarla durante esta parte del ciclo lunar. Puede neutralizar y repeler las energías negativas que a menudo nos rodean y nos hunden. Aunque este cristal se utiliza para repeler las energías oscuras y emitir vibraciones positivas, podría necesitar una limpieza de vez en cuando para que pueda obtener el mejor resultado al utilizarlo. Tiene que cargar su selenita bajo la luna llena dejándola por la noche para que se impregne de la energía de la luna.

Cuando utilice la selenita, concéntrese en sus intenciones y en repeler las energías negativas. También visualice este cristal, trayéndole alegría y felicidad y manifestando cosas buenas en su vida.

Labradorita

Hay un cierto brillo de color cambiante en la labradorita bajo cierta luz, lo que hace que tenga un aspecto hermoso y cautivador. Este cristal tiene cualidades protectoras y puede ofrecerle protección contra la energía negativa y las vibraciones oscuras. Este cristal se utiliza mejor durante la luna llena y es ideal para los rituales de manifestación. También se cree que la labradorita está vinculada a la energía del sol, lo que le da un poder aún mayor teniendo en cuenta que tiene ambas fuentes de energía vinculadas.

Este cristal en particular se utiliza para ayudarle a encontrar el equilibrio en su vida y a descubrir lo que le está frenando. ¿A qué no se está enfrentando? ¿Qué le impide avanzar hacia un lugar mejor y llevar una vida mejor? Estas son todas las preguntas que pueden ser respondidas utilizando la labradorita, ya que potencia la espiritualidad y la intuición y puede ayudar a conectar con uno mismo y con sus sentimientos más íntimos. La labradorita es un cristal del despertar espiritual y de la transformación, y después de utilizarla con la luna llena, puede transformar su vida.

Amatista

La amatista no se utiliza necesariamente con la luna llena ni está vinculada a ella, pero puede beneficiarse mucho de su energía. Esta piedra violeta vibra en una frecuencia especial que puede ser amplificada por la luna llena. La amatista puede ayudarle a superar los sentimientos pesados que puedan estar agobiándole, y puede ayudarle a navegar por su agitación interior para salir sintiéndose mejor consigo mismo y con sus inseguridades.

La amatista puede mantenerlo con los pies en la tierra, potencia la espiritualidad y le pone en contacto directo con su intuición para que pueda averiguar lo que le molesta y le hace sentirse infeliz. Utilice este cristal durante diferentes ciclos lunares, pero sobre todo durante la luna llena, para superar sus inseguridades y miedos y aceptar sus defectos.

Ópalo

El ópalo es uno de los cristales más poderosos que puede utilizar durante las fases lunares. Su fuerza proviene de su conexión con el elemento agua, que, como hemos mencionado varias veces, está estrechamente asociado con la energía de la luna. El ópalo representa la purificación y es una manifestación de la limpieza de las energías oscuras alrededor de su hogar. Utilícelo para bendecir sus herramientas mágicas y su altar y para limpiar su hogar antes de formar su círculo mágico.

Cuarzo claro

Se cree que el cuarzo claro contiene poder y conocimiento que puede bendecir sus rituales lunares con una poderosa protección. Lo mejor del cuarzo claro es su versatilidad, y se considera uno de los cristales más utilizados. Puede utilizarlo para cualquier propósito, dependiendo de sus intenciones.

Se puede utilizar durante la fase de luna llena para canalizar su intención hacia las energías positivas y atraer cosas mejores a su vida. El cuarzo claro puede ayudarle a alinear su energía con la de la luna, para que pueda declarar sus intenciones al mundo y verlas hecha realidad.

Aceite lunar

El aceite lunar puede aumentar el poder de sus intenciones y canalizar ciertas energías. Puede llevarlo consigo para repeler las energías oscuras y limpiarse. El aceite lunar tiene hierbas y aceites bendecidos con la energía lunar y puede ayudarle a aprovechar esa energía.

Para hacer el aceite lunar, puede elegir el aceite que más le guste o que crea que se ajusta más a lo que necesita el aceite. Si tiene pensado utilizar el aceite lunar en la piel, puede valer la pena conseguir aceites respetuosos con la piel y que no irriten. Si esa no es su intención, entonces puede utilizar cualquier aceite con el que quiera trabajar. Para los propósitos de esta parte, usaremos aceite de semilla de uva y aceite de almendras dulces o de aguacate. Puede añadir aceites esenciales como el de rosa o el de jazmín. Añada hierbas a la mezcla; puede elegir las hierbas que crea que le ayudarán a aprovechar la luz de la luna. Utilice un frasco pequeño para combinar la mezcla y utilícela siempre que la necesite.

Después de poner todo en la botella, añade también pequeños cristales para cargar la mezcla con una energía aún más potente. Deje la botella bajo la luna durante la noche para cargarla durante cualquiera de las fases lunares, quizás la luna llena para obtener la mayor potencia. Recójala por la mañana como lo haría con el agua de luna y utilice el aceite de luna como quiera.

Capítulo 11: Rituales de la diosa de la Luna

En este capítulo, exploraremos los rituales que puede realizar para honrar a la diosa de la Luna. Como ya es sabido, la diosa de la Luna ha sido conocida por muchos nombres en diversas civilizaciones, todas ellas con sus propias formas de honrarla. Hasta el día de hoy, varias tradiciones religiosas todavía honran a la diosa de la Luna y realizan rituales en su honor. Algunos deben realizarse durante ciertas fases del ciclo lunar en las que su presencia es más notoria, y otros durante cualquier parte del ciclo.

Ritual para atraer a la Luna

Este es un poderoso y hermoso ritual wiccano para invocar a la diosa de la Luna. La bruja que lanza este hechizo invoca a la diosa dentro de sí misma, ahogándose en un estado de trance, para hablar las palabras de la diosa y transmitir sus órdenes. Este ritual se practica mejor durante la luna llena o justo antes de ella, y es mejor hacerlo al aire libre para poder estar en contacto directo con la energía de la luna, pero si eso es imposible, se puede hacer en el interior, pero asegurándose de estar en una vista clara de la luna.

No hay una única forma correcta de hacer este ritual, y cada bruja tendrá diferentes enfoques. Dependerá de sus creencias personales y de cómo practique generalmente su magia. Necesitará un altar limpio para este ritual, así que comience por limpiar el espacio mágico de todas las energías negativas y espíritus malignos. Después de limpiar el lugar con salvia o cristales, póngase delante de su altar, de cara a la luna llena, y cruce los brazos. Mientras esté en esta posición, invoque a la diosa de la Luna. Puede utilizar cualquier frase o canto con el que se sienta cómodo. Simplemente ore e invoque la presencia de la diosa en su espacio mágico sagrado.

Levante los brazos y mueva los pies para que estén separados a la anchura de los hombros. Al abrir los brazos así, está dando la bienvenida a la diosa en su recipiente mortal. Usted sentirá que su energía fluctúa, y el poder surgirá en su cuerpo, lo cual está bien porque esta es la diosa de la luna entrando en usted. Hable desde su mente en nombre de la diosa de la luna. Declare su presencia y su intención e identifíquese como ella. No hay palabras exactas que deba recitar aquí; solo diga lo que cree que la diosa representa y sienta su poder correr por sus venas mientras ella toma su cuerpo. Honre a la Diosa y declare su lealtad y gratitud eterna a la Diosa, como debe ser.

Para concluir la ceremonia, medite mientras siente que el poder se disipa y la diosa abandona su cuerpo. Este es el momento de estar en un estado de ánimo contemplativo y pensar en lo maravilloso que acaba de experimentar. Baje los brazos para marcar el final del ritual y cierre el círculo mágico. Puede esperar tener poderes aumentados durante los próximos días, lo cual es normal; ha tenido una diosa dentro de sí. También puede tener habilidades psíquicas agudizadas durante unos días, así que trate de mirar hacia su futuro y concéntrese en su intención y en las cosas que le gustaría invitar a su vida. Cuanto más concentrado se encuentre, más podrá aprovechar cualquier poder residual que pueda haber en su cuerpo y utilizarlo en su beneficio.

Invocando a Artemisa (Ritual de Luna Llena)

Este segundo ritual del que hablaremos es la invocación a la diosa de la caza y de la luna Artemisa; realizará este ritual en luna llena. Su objetivo es similar al del ritual de "atraer a la luna" porque pretende atraer a la deidad para que ocupe su cuerpo y hable a través de usted, pero este está dirigido específicamente a la diosa de la caza. Se creía que Artemisa era la protectora de las vírgenes y de todo lo casto, así como del bosque y de los animales salvajes. Era una cazadora diferente a cualquier otra, casta, hermosa y pura, también conocida como la virgen eterna que nunca fue tocada por el hombre o el dios. Este ritual es para honrarla y rendirle homenaje.

Para este ritual, necesitará una vela blanca, un cristal de piedra de luna, aceite de oliva, artemisa, estragón y ajenjo; puede utilizar solo una hierba, una combinación o las tres. Necesitará también preparar música chamánica para el ritual. Necesita entrar en la mentalidad correcta antes de comenzar este ritual porque está invitando a la poderosa diosa Artemisa a su cuerpo, así que tiene que estar preparada. Comience por limpiarse a sí mismo para que sea receptivo a una deidad tan poderosa. Tome un baño ritual de limpieza para limpiarse y purificarse para dar la bienvenida a la más pura de las diosas.

A continuación, hay que limpiar el espacio mágico para dar la bienvenida a Artemisa. Utilice una bruma o aceites para limpiar su espacio mágico, empezando por las esquinas. Después de limpiarse a sí mismo y al lugar, es hora de empezar el ritual. Baja las luces, encienda el incienso, y deje que las velas ardan también. Ponga música chamánica para preparar su mente y su alma y ayudarle a entrar en un estado de meditación focalizado. Realice su círculo mágico después de preparar todos los elementos e ingredientes para este ritual.

Mientras que escucha la música y disfruta del incienso y del entorno, permítase sumergirse en un profundo estado de meditación y trasladarse a un tiempo y espacio diferentes. Imagínese en el lugar favorito de Artemisa, un bosque en la antigüedad donde los árboles están por todas partes y los animales salvajes vagan libremente. La visualización de estas escenas es importante porque crean un ambiente acogedor para que la Diosa se haga presente. A continuación, unja su vela blanca con el aceite de oliva y, mientras lo hace, honre a Artemisa y rece una oración por la Diosa. Consagre este ritual y la quema de la vela a su pureza y ferocidad salvaje. Después de ungir la vela, es necesario que usted se aplique a sí mismo más aceite de oliva, comenzando por la parte inferior y moviéndose hacia la parte superior.

Mientras se unge, es el momento de invocar a Artemisa. Aquí puede decir las palabras que desee, pero asegúrese de que salgan del corazón y lleven el honor y la veneración que merece una diosa así. Invoque a la diosa y pídale que ocupe su cuerpo y lo utilice como un recipiente para bendecirlo con su energía. Invoque su nombre y hónrela con las descripciones y los títulos transmitidos de generación en generación. A continuación, esparza las hierbas sobre sí mismo y alrededor de la vela, honrando a la diosa. También unja la piedra de luna y llévela consigo. Puede llevarla como colgante o guardarla en el bolsillo; solo asegúrese de llevarla encima porque este cristal representa su conexión con la diosa y facilitará su paso a su forma física.

Ahora, ¡es el momento de bailar! Póngase en pie y baile con desenfreno y libertad como hacían los antiguos sacerdotes en honor a Artemisa. Esta es la mejor manera de honrar la energía pura y la naturaleza salvaje de la Diosa, y necesita bailar hasta que no pueda bailar más. Cuando su energía se haya agotado, recuéstese en el suelo y deje que la energía de Artemisa lo inunde y lo cargue. Siéntense lentamente una vez que sientan que han sido bendecidos con sus poderes y rompan el círculo. Conéctese a tierra y céntrese.

Piense en la experiencia de ser uno con la diosa de la caza y en lo que eso significa.

Puede preparar un altar para Artemisa para tenerla siempre presente consigo, bendiciéndole con su ferocidad y pureza para afrontar cualquier cosa que se le presente en la vida. Ponga un altar para ella con hierbas y una vela blanca, y ofrézcale un tributo a Artemisa, como agua de luna u otro objeto mágico.

Ritual de luna llena para Diana

Al principio del libro hablamos de la diosa Diana y de cómo se la consideraba la triple diosa y una manifestación de la luna. Este ritual es para honrarla y para honrar el poder divino femenino de la luna. Diana ha sido considerada a menudo como una representación de la fertilidad y del poder femenino, y se la invoca a menudo en los rituales que promueven el parto y se relacionan con las mujeres. Este ritual no es para invocar a Diana para que ocupe su cuerpo, sino para honrarla y formar una conexión con la Diosa de la Luna. Por eso se hace cuando la luna está en la cima de su poder.

Comience por preparar su altar. No tiene que limpiar su altar o espacio aquí, pero a menudo se recomienda que lo haga para conectarse con Diana de forma más clara y pura. Comience con un ritual de limpieza, luego escriba sus deseos e intenciones para el futuro y las oraciones para la diosa de la luna en un pedazo de papel. Tome este papel (o tela) y átelo a un árbol. Pídale a la diosa que le proteja y a sus seres queridos, al igual que protege a los animales y a cualquiera que la adore y crea en sus poderes.

Después, de vuelta a su altar, continúe orando a Diana y pídale que cumpla sus deseos y le ayude a encontrar la felicidad y la alegría en la vida. Encienda una vela blanca en su altar y ofrezca un recipiente con agua de luna o leche a la diosa como ofrenda. visualice a la diosa ayudándole a conseguir lo que desea y bendiciendo su vida y la de sus seres queridos. Tenga fe en que Diana puede ayudarle a conseguir las cosas que desea y medite sobre su presencia durante esa luna llena. Agradezca a la Diosa su presencia y hónrela antes de romper el círculo mágico.

Esbat wiccano

Para los wiccanos, el Esbat es cuando se reúnen en luna llena para celebrarlo y honrar a la diosa de la Luna y otras deidades. Practican la magia y expresan su gratitud a las deidades que les han guiado durante el ciclo lunar anterior. Hay aproximadamente 13 Esbats durante un año, que corresponden a 13 lunas llenas. El Esbat es un momento de espiritualidad y se utiliza para canalizar la energía de la luna para limpiarse y alcanzar sus objetivos. También es un momento para honrar a las deidades y manifestar sus bendiciones y energías.

Mientras que los rituales wiccanos para el sol (Sabbats) tienen ciertos significados, este no es el caso del Esbat. Se trata de conectar con la energía de la luna y utilizarla para cambiar y mejorar su vida. Por eso no hay una forma correcta de practicar la magia durante los Esbats. Solo tiene que hacer lo que su instinto le diga y honrar a la luna y a la Diosa; como quiera. Puede ser tan simple como ir a su patio trasero durante la luna llena y meditar bajo la luz de la luna y visualizar que suceden cosas buenas.

Entonces, ¿cómo se hace un Esbat wiccano? La cosa más importante en la que necesita concentrarse al principio es su intención. El Esbat consiste en trazar una meta y realizar el ritual para promover esa meta y honrarla. Ya sea para honrar a las deidades, conectar con la luna o pedir a los dioses y diosas que le ayuden con un sueño o deseo personal, el Esbat es el momento de hacerlo. Solo tiene que ser específico sobre lo que quiere para poder sacar el máximo provecho del Esbat. Aunque los Esbats se realizan tradicionalmente en luna llena, puede realizar el ritual en cualquier parte del ciclo lunar si coincide con sus objetivos, recuerde que dijimos que las fases funcionan mejor para los hechizos de protección mientras que otras son más adecuadas para la riqueza o la abundancia. Así que, sea lo que sea que quiere del

Esbat, escríbalo y considere su calendario lunar para encontrar el momento ideal.

A continuación, viene la preparación. Ya tiene definidos sus objetivos y lo que quiere conseguir con el ritual, y tiene una hora en la que lo va a realizar. Después viene la investigación. Entienda lo que hay que hacer para que el Esbat funcione y los ingredientes que necesitará para este hechizo o ritual. ¿Es un hechizo de manifestación? ¿O quiere atraer la riqueza o el amor? Tal vez desea proteger a sus seres queridos contra el mal y las energías oscuras o promover su fertilidad para que pueda concebir. Sea lo que sea, investigue el hechizo y el ritual y prepare las herramientas mágicas y los ingredientes que necesitará para que funcione.

Por último, realice su ritual. Como hemos mencionado, no hay una forma específica de realizar el Esbat ni un objetivo concreto, así que haga lo que le diga su corazón. Sin embargo, no es mala idea seguir prácticas como la limpieza de su espacio mágico y de usted mismo para poder honrar correctamente a las deidades y realizar un ritual adecuado. Medite en sus intenciones y visualice que se hacen realidad, y habrá hecho un Esbat exitoso.

Capítulo 12: Cómo crear sus propios rituales lunares únicos

En este capítulo final, exploraremos las formas a través de las cuales puede hacer sus rituales lunares únicos. La belleza de los hechizos y rituales lunares es que no hay ningún manual sobre cómo deben realizarse. Solo hay directrices y consejos para ayudarle en este viaje espiritual y majestuoso, y esto deja mucho espacio para la improvisación y la adición de su toque único para hacer los rituales y hechizos más alineados con sus creencias y prácticas. No tiene que comprar los ingredientes que utiliza para los hechizos y rituales que hemos mencionado anteriormente; ¡puede hacer los suyos propios!

Al final del día, los rituales lunares son para encontrar su voz y trabajar con algo con lo que se sienta cómodo. Su energía y creencias impulsan estos rituales y hechizos y son la razón por la que funcionan. Así que, vamos a sumergirnos en las cosas que podría hacer en sus rituales lunares únicos.

Ritual de luna llena único

Teniendo en cuenta que la luna llena es la más poderosa de las fases lunares, en la que la luna está en la cúspide de su poder, tiene sentido que comencemos con consejos e ideas sobre cómo puede crear un ritual lunar único, personal y diferente a cualquier otro.

Personalizar: Este es un ritual de luna llena, y para que funcione, necesita mantenerlo simple y personal. El propósito de este ritual es alinear su energía con la de la luna, y para que eso ocurra, necesita ser auténtico. Piense en las prácticas que más significan para usted y trate de infundirlas en el ritual. ¿Le gusta bailar? Entonces, ¿por qué no incluirlo en su ritual de luna llena? Tal vez la meditación sea lo suyo, así que incorpórela. El ritual es una extensión de quién es y de las cosas que le gustan, así que, sea lo que sea que le guste, asegúrese de que forme parte del ritual.

Prepare las herramientas: Necesita preparar las herramientas que utilizará para completar el hechizo o realizar la ceremonia. De nuevo, esto también dependerá de sus preferencias. Tal vez hay ciertas hierbas o una salvia que prefiere utilizar. O puede que prefiera los aceites esenciales. Seleccione un cristal o una piedra única de importancia para usted. Ponga la música que mejor le funcione y le ponga en estado de meditación; puede ser rock pesado o tambores africanos. La experimentación es la clave. Pruebe siempre diferentes cosas. Puede que funcionen, o puede que no. Lo importante es que sean suyas y expresen quién es usted como persona.

Espacio sagrado: Después de preparar las herramientas que quiere utilizar para este ritual o hechizo, necesita preparar un espacio sagrado para hacer su magia. No hay una regla que diga que un espacio sagrado debe tener este o aquel aspecto, pero tradicionalmente debe contener un altar. La importancia del altar es que le da a este espacio una importancia sagrada y le hace saber que es especial, diferente de los objetos del día a día, y no una mesa ordinaria.

Puede elegir el lugar que desee en su hogar para preparar este espacio sagrado, y también puede decorarlo como quiera. Lo más importante es que esté cómodo y sienta que puede expresarse libremente en este espacio. Luego. Limpie este espacio que ha creado y elimine cualquier energía oscura.

Entre en la mentalidad: Lo que separa un ritual mágico de cualquier otra cosa que haga a diario es su mentalidad. Con sus herramientas y su espacio mágico listos, preparados según sus preferencias, necesita meditar y preparar su mente para una profunda conexión espiritual con la luna. Piense sobre las cosas que quiere realizar a través de este ritual y por qué lo está haciendo. Luego, tómese un tiempo para agradecer y apreciar todas las cosas con las que ha sido bendecido. Agradezca a la diosa de la Luna por bendecir su vida y darle muchas cosas por las que estar agradecido. La gratitud es una práctica muy importante que facilita el establecimiento de una conexión genuina con la energía de la luna.

Hacia el final de este ritual, puede hacer lo que le apetezca para concluir el ritual. A algunas brujas les gusta llevar un diario y escribir lo que sienten, ya sean deseos o miedos. También puede afirmar su intención y declarar cómo quiere que sea el próximo ciclo lunar. También puede salir al aire libre y bañarse en la luz de la luna y dejar que su energía curativa le inunde. Cierre su ritual una vez que sienta que ha cumplido su propósito. Puede hacerlo meditando de nuevo, diciendo una oración a la diosa, cantando o entonando cánticos, bailando o haciendo sonar una campana y diciendo saludos a la luna.

Ritual de luna nueva

La luna nueva marca nuevos comienzos, y es un momento para establecer intenciones y trabajar para manifestarlas. Durante este momento tan especial del ciclo lunar, puede crear un ritual casero para celebrarlo, y puede ser un ritual nuevo. Puede practicarlo en solitario, o puede invitar a amigos u otras brujas a unirse al ritual de luna nueva para hacerlo más potente.

Antes de comenzar este ritual, asegúrese de que el espacio mágico en el que lo va a realizar es hermoso. Una vez más, esto dependerá de lo que considere hermoso, así que tómese la libertad de despejar y añadir elementos estéticos que hagan que el espacio sagrado le parezca hermoso. Descarte las cosas que no necesita y monte su altar de forma pura y visualmente agradable. Puede utilizar objetos de su hogar para preparar el altar o elementos de la tierra de los alrededores de su hogar. Todo puede funcionar si cree en ello. Coloque estos elementos en el altar y decórelo como quiera.

Para este ritual único, puede conectarse a tierra. La toma de tierra es una práctica saludable que puede realizarse independientemente de cualquier ritual lunar. La mejor manera de hacer la toma de tierra es cerca de un cuerpo de agua y con los pies descalzos para que pueda sentir la energía de la tierra y del agua. Acérquese al agua y deje que le cubra; puede meterse por completo en el agua o solo sumergir los pies. Respire profundamente bajo la luz de la luna y visualice la manifestación de sus intenciones. Deje que el agua fría le enraíce y ancle su mente y su cuerpo. Piense en sus deseos e imagine que se hacen realidad.

Puede concluir este ritual único de muchas maneras. Puede escribir o llevar un diario como en el ritual anterior. Documente sus sentimientos durante esta luna nueva y lo que quiere atraer, y lo que desea liberar de su vida. Declare sus intenciones para este ciclo lunar y lo que desea experimentar. A continuación, puede tomar el trozo de papel con sus deseos y enterrarlo en el jardín o prenderle fuego con una vela, dejando que sus deseos sean conocidos por el universo y confiando en que este guiará sus intenciones. Para terminar, encienda salvia de su elección o incienso para limpiar el espacio después de declarar sus intenciones.

Consejos para crear sus rituales

La clave para crear un ritual único es pensar en las cosas que le parecen mágicas a usted y solo a usted. Ninguna regla dice que no puede utilizar objetos hechos a mano o herramientas personalizadas para realizar rituales mágicos e invocar a las deidades. Personalice los hechizos y los cantos a su gusto. A la diosa de la Luna no le importará el canto que utilice para invocarla y pedir su bendición si la honra y le rinde respeto. Así que, intente diferentes cosas en sus rituales y vea lo que funciona mejor para usted. ¿El yoga le relaja y le pone en un estado mental meditativo? Entonces, por supuesto, incorpore el yoga a sus rituales mágicos y comience o concluya la ceremonia practicándolo.

Conclusión

Personalice su ritual lunar para que le haga sentirse cómodo y a gusto. Su conexión con la luna es especial y solo la puede sentir usted. Puede que haya cosas diferentes que funcionen con otras personas, así que no se preocupe por copiar a nadie más, piense en los elementos que encuentre mágicos y añádalos a sus rituales. Aproveche la energía de la luna utilizando herramientas que otros pueden no encontrar mágicas; no importa. La magia es lo que usted decida que es mágico. Experimente con sus rituales y pruebe a combinar cosas nuevas en las diferentes fases lunares. Puede que solo encuentre hechizos y rituales que podrían cambiar su vida para mejor. Recuerde que nunca debe desesperarse a la hora de crear su ritual único. Algunos funcionarán, otros no. Necesita ser paciente y seguir experimentando hasta que encuentre la combinación correcta de artículos y rituales. Es mucho más gratificante porque puede realizar rituales que ha hecho usted mismo y que son personales para usted, lo que puede hacer que los hechizos sean mucho más potentes y le ayuden a conseguir los resultados que quiere.

Vea más libros escritos por Mari Silva

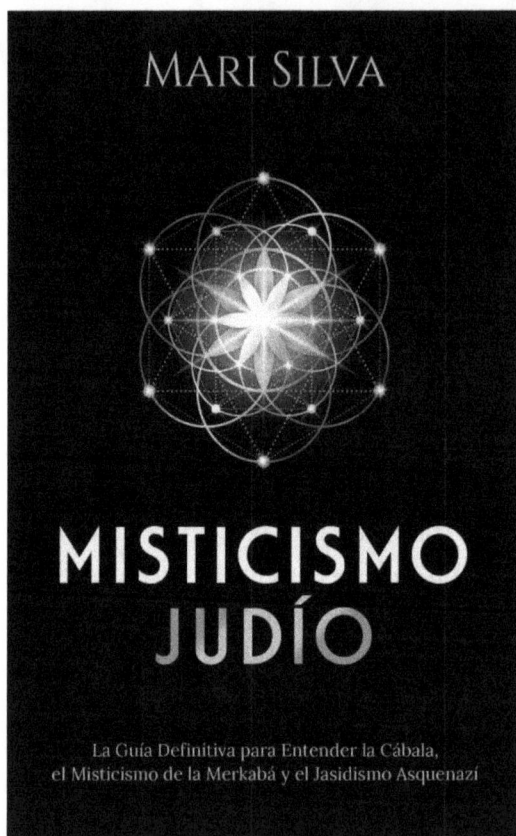

MARI SILVA

MISTICISMO JUDÍO

La Guía Definitiva para Entender la Cábala, el Misticismo de la Merkabá y el Jasidismo Asquenazí

Referencias

B. A., H., Facebook, F., & Twitter, T. (n.d.). *10 Lunar Gods & Goddesses You Should Know.* Learn Religions. https://www.learnreligions.com/lunar-deities-2562404

Five Spell-Casting Essentials for Beginner Witches. (n.d.). Exemplore. https://exemplore.com/wicca-witchcraft/Witchcraft-For-Beginners-The-Five-Essential-Parts-of-Casting-Spells

Glamour. (n.d.). *Making "moon rituals" can totally enhance your life, here's your ultimate guide.* Glamour UK. Extraído de https://www.glamourmagazine.co.uk/article/moon-ritual-guide

How to Prepare For a Spell. (2020, March 9). Wishbonix. https://www.wishbonix.com/how-to-prepare-for-a-spell/

M. A., L., & B. A., L. (n.d.). *12 Ancient Lunar Luminaries.* ThoughtCo. https://www.thoughtco.com/moon-gods-and-moon-goddesses-120395

Moon Rituals for Guiding Intentions. (n.d.). Www.Kelleemaize.com. Extraído de https://www.kelleemaize.com/post/moon-rituals-for-guiding-intentions

Pollux, A. (n.d.). *The Ultimate Full Moon Money Spell for Abundance.* Welcome To Wicca Now. Extraído de https://wiccanow.com/full-moon-money-spell/

Bacon, Roger (1659, London). His Discovery of the Miracles of Art, Nature, and Magic. Fielmente traducido de la propia copia del Dr. Dees, por T. M. y nunca antes en inglés.

Crowley, Aleister (1979), The Confessions of Aleister Crowley, Routledge & Kegan Paul

Crowley, Aleister (1985), Eight Lectures on Yoga, Falcon Press

Crowley, Aleister (1974), The Equinox of the Gods, Gordon Press

Crowley, Aleister (1997), Magic (Book 4), Weiser

Crowley, Aleister (1973), Magic Without Tears, Falcon Press

www.ingramcontent.com/pod-product-compliance
Lightning Source LLC
Chambersburg PA
CBHW071857090426
42811CB00004B/643